VALENTIN WOLKER

»Suche Mann für meine Eltern«

Ein Aushang in einer Bar, eine Reise nach China und die großen Fragen des Lebens

FISCHER

MIX
Papier aus verantwortungsvollen Quellen
FSC® C083411

Originalausgabe

Erschienen bei FISCHER Taschenbuch
Frankfurt am Main, Oktober 2017

Satz: Dörlemann Satz, Lemförde
Druck und Bindung: CPI books GmbH, Leck
Printed in Germany
ISBN 978-3-596-29993-5

Namen wurden geändert, auch meiner, zum Schutz.

Inhalt

Chinesin sucht …

Wie weit musst du gehen, um deine Eltern glücklich zu machen? Zu dieser Frage führte mich eine Reise, die als Zettel in mein Leben kam. Das begann so: Freitagabend, laute Musik, Schummerlicht, draußen stand der Rest eines Sommertages in der Luft, drinnen schwitziges Gedränge vor einer Bar. »Du magst doch Abenteuer, schau mal!« Adrian, ein Freund von mir, hatte einen Aushang entdeckt:

Chinesin sucht Mann,
um ihre Eltern glücklich zu machen.
Du sollst meine Familie
in China kennenlernen.

Flug und Unterkunft werden bezahlt.

Adrian riss einen der Schnipsel ab und streckte ihn mir hin: eine E-Mail-Adresse, die fast nur aus Ziffern bestand. Ich lachte und knüllte das Papier in die Gesäßtasche.

Botschaft aus der Nähe

Am nächsten Abend fand ich den Zettel wieder. Ich setzte mich auf den Badewannenrand im fensterlosen Badezimmer, das Licht ausgeschaltet, nur durch den Türspalt schien ein wenig Helligkeit. Ich strich das Papier glatt und überlegte. Es stimmte, ich mag Abenteuer. Ich hatte schon im Himalaya meditiert und in Afrika in einer Schule unterrichtet.

In China war ich noch nie gewesen.

Ich ging ins Arbeitszimmer, fuhr den Computer hoch. Die Vorhänge hatte ich zugezogen. Es war der heißeste Tag des Jahres, 38 Grad. Im Radio warnten sie vor einem Unwetter; die Leute sollten ihre Wohnungen nicht verlassen.

Ich klickte auf »Neue E-Mail«. Diese Adresse mit den vielen Ziffern! Über 1,3 Milliarden Chinesen - ein Tippfehler, und meine Nachricht würde beim falschen landen. Dreimal glich ich das Adressfeld mit dem Zettel ab.

Wie viel Uhr war es in China? Ich googelte. Auf dem Bildschirm entfaltete sich die Weltkarte. Volksrepublik

China, was für ein gigantisches Land! An vierzehn Staaten grenzt es, darunter die Mongolei, Russland, Nordkorea, Indien, Pakistan, Afghanistan. Das Ostchinesische Meer. Wo immer diese Frau in China sein mochte – zwischen uns lagen mindestens Polen, Ukraine, Russland und Kasachstan.

In die Betreffzeile tippte ich: »Aushang – Freund in China«.

Im Netz las ich weiter: »Regierung: Einparteiensystem, sozialistisch, autoritär«. 143 Einwohner pro Quadratkilometer. In Deutschland sind es 229. So viel mehr Menschen in China als in Deutschland, aber noch viel, viel mehr Fläche. Die Nationalhymne: »Marsch der Freiwilligen«. Ich drückte auf »Play«. Bläser, Trommelwirbel.

China war Deutschland sieben Stunden voraus. Jetzt war es dort kurz nach drei, mitten in der Nacht. Meine Nachricht würde sie im Schlaf erreichen. Wie oft mochte sie ihre E-Mails abrufen? Vielleicht lebte sie auf dem Land, ging nur alle paar Wochen in ein Internetcafé in der Stadt. Sie würde mir antworten, wenn ich die Sache vergessen hätte. Oder gar nicht.

In der deutschen Übersetzung von »Marsch der Freiwilligen«, der Nationalhymne der Volksrepublik China, las ich: »Voran! Voran! Vorwärts!« Dann schrieb ich:

»Hallo, habe deinen Aushang gelesen, dass du einen Deutschen suchst, der sich in China als dein Freund ausgibt. Gibt es mehr Infos? Wann, wo? Wer bist du? Ich bin Valentin, 38 Jahre, aus München. Grüße.
P. S.: Hätte vielleicht Interesse.«

Darunter setzte ich einen Link auf mein Profil bei Facebook; dort konnte sie ein Foto von mir sehen. Am Samstag, dem 27. Juli 2013, um 20.32 Uhr drückte ich auf »Senden«. Kurz darauf zerriss draußen die Luft. Ich öffnete die Vorhänge. Der Sturm hatte begonnen.

Die Antwort kam am selben Abend, keine zwei Stunden später. 22.23 Uhr, in China musste es kurz vor halb sechs am Morgen sein. Am Sonntagmorgen. Eine Frühaufsteherin? Das wäre das Gegenteil von mir, nicht gerade vielversprechend für eine gemeinsame Zukunft.

Im Absender drei chinesische Schriftzeichen. Keine Anrede, kein Gruß, kein für mich lesbarer Name. Nur das:

»Re: Aushang – Freund in China
Hast du Zeit? Mein Handy ist … Können wir treffen und darüber zu reden?«

Die Nummer hatte eine deutsche Vorwahl.

Die Zeit drängt

War sie näher, als ich dachte? Ich legte mich ins Bett, mit einem Gefühl wie vor einer Achterbahn, vor der man nach einem Jahrmarktbummel steht, unsicher, ob man noch fahren soll oder schon genug erlebt hat. Dann schlief ich ein, tief und ruhig, durch eine der unruhigsten Sturmnächte des Jahres.

Am nächsten Tag ging ich zum Sonntagsgottesdienst. 12 Uhr, für Studenten und andere Langschläfer. Ich komme aus einer christlichen Familie, die Mutter Religionslehrerin, ein Onkel Priester. Oft sprach meine Mutter davon, dass es schön wäre, wenn ich einmal »eine katholische Frau« zum Heiraten fände. So hatte sie es in ihrer Familie gelernt, von ihren Eltern, und diese wiederum von ihren. Als ich ihr später von meinem ersten Freund erzählte, sagte meine Mutter: »Es wäre nicht schlimm, wenn die Frau evangelisch wäre.«

Tom kannte ich nun seit fünf Jahren, seit zwei Jahren wohnten wir zusammen. Normalerweise verbrachten wir die Sonntage gemeinsam, aber dieses Wochenende war er mit seinem Chor verreist. Am Abend kam er nach Hause, berichtete von Proben, Pausen, Dirigentengewirbel, zu wenig Schlaf.

Vom Aushang erzählte ich nichts.

Tom ist evangelisch. Weder Frau noch katholisch, was würde meine Mutter dazu sagen? Ich konnte sie nicht mehr fragen, denn sie lebte nicht mehr. Zwei Tage, bevor sie mit dem Auto verunglückte, hatten wir gestritten. Sollte sie das Spielzeug weggeben, das auf dem Dachboden lagerte? Eisenbahnen, Baukästen und ja, auch: Puppenhäuser. Dinge, mit denen mein jüngerer Bruder und ich gespielt hatten. »Das heben wir auf«, hatte meine Mutter gesagt. »Darüber freuen sich deine Kinder einmal.« Da waren acht Jahre vergangen seit dem Abend, an dem ich ihr gesagt hatte, dass ich keine Freundin haben würde, keine Kinder. Meine Eltern hatten mich in den Arm genommen an diesem Abend, in unserem Wohnzimmer. Sie hatten mir nichts von ihrer Elternliebe gestrichen. Und doch waren sie enttäuscht; immer wieder brach vor allem die Hoffnung meiner Mutter durch, es würde sich noch alles ändern, so kommen, wie sie es sich vorgestellt hatte. Nach all den Jahren war mir das zu dumm geworden.

Anhand meiner Telefonrechnung kann ich heute nachvollziehen, dass die Chinesin und ich drei Minuten und siebenunddreißig Sekunden miteinander redeten. Es war nachmittags, kurz vor drei, am Montag, dem 29. Juli. Bis zum übernächsten Tag nach dem Mittagessen muss ich den Anruf vor mir hergeschoben haben.

Ich erinnere mich nicht an die Worte, die wir sprachen. Es war einer der Momente, die nicht überraschend kommen und doch so absurd sind, dass wir durch sie hindurchrauschen, ohne wirklich mitzubekommen, was geschieht.

Ich weiß nur: Wir sprachen Deutsch. Sie sagte, sie sei in der Stadt. Sie wollte mich sofort treffen. Und ich muss es geschafft haben, das Treffen auf den nächsten Tag zu verschieben - obwohl ich an dem Nachmittag Zeit gehabt hätte.

Ihren Namen hatte ich nicht verstanden. So bestätigte ich unsere Verabredung ebenfalls ohne Anrede:

»AW: Re: Aushang – Freund in China
Meine Nr. ist ... – bis morgen um 15 Uhr am Odeonsplatz, vor dem San Francisco Coffee Shop (rechts neben der gelben Kirche).«

Das H-Wort

Um die Theatertinerkirche stand ein Baugerüst, nach außen mit Plakaten verkleidet. Der Platz war voller Menschen. Zwei Männer mit blauen Krawatten kippten, den Blick auf die Uhr, ihren Espresso hinunter. Eine Frau legte ihre Sonnenbrille in ein Etui. Auf den Stufen der Feldherrnhalle eine erschöpfte Schulklasse. Die Sonne war nicht zu sehen, doch es war heiß.

Sie war die kleinste Person auf dem Platz. Ich hatte kein Foto von ihr im Kopf, anders als sie von mir. Aber meine Augen richteten sich wie ferngesteuert auf sie.

Sie lächelte. »Hallo, ich bin ...« Wieder rauschte ihr Name durch mein Ohr.

»Gehen wir rein, die haben Klimaanlage«, sagte ich.

In dem langgestreckten Café herrschte Hochbetrieb. Wir starrten auf die Tafel über der Theke. Wir sahen uns nicht an. »Nicht so wichtig, was trinken«, sagte sie, »vielleicht Wasser.« An der Kasse legte sie mir mit einer flinken Bewegung vier Münzen hin, abgezählt, zwei Euro achtzig für das Wasser. Dann rannte sie weg.

Sie hatte zwei frei werdende Sitzwürfel entdeckt, ganz hinten, links in der Ecke an einem kleinen Tisch, und lieferte sich mit anderen Gästen einen Wettlauf dorthin. Strahlend besetzte sie die Sessel und winkte mich heran.

»Endlich, ich bin so froh, dass du gemeldet hast!«

»Haben dir viele geantwortet?« Ich setzte mich.

»Einer war dreiundsechzig. Der andere wollte viel Geld.« Sie sprach schnell.

»Wieviel?«

»Ich war bereit, das Geld zu zahlen. Aber er wollte im Voraus. Ich hatte Angst, dass er nicht kommt.«

Mit dem Strohhalm durchbohrte ich die Kugel Vanilleeis, die in meinem Eiskaffee schwebte. Wer mir da schräg gegenüber saß und sein Wasser nicht trank, redete, auf Deutsch, nicht perfekt, aber wortgewandt, sah aus wie ein kleiner Junge. Vielleicht ein Meter fünfzig groß, dünn. Dünn, dünn, dünn. Schulterblätter, die wirklich Blätter waren. Kleine Hände, die vor einem türkisfarbenen T-Shirt gestikulierten, unter dem sich flache Brüste abzeichneten. Eine kurze synthetische Sporthose, Gürteltasche, Sandalen. Funktionskleidung. Ein runder Kopf mit einer großen blauen Brille, rechteckige Gläser, deren Kanten parallel zu den vollen schwarzen Augenbrauen standen. Die Haare ebenso voll und schwarz; ungestylt, aber ordentlich fielen sie ihr in die Stirn. Darunter kleine

Ohren. Und die Zähne, immer wieder die Zähne. Sie waren unablässig zu sehen, die Lippen ständig geöffnet, als könnte man sie nicht schließen, als wäre dieses Gesicht auf Lachen eingestellt, lebenslang, unwiderruflich. Was sie aber am meisten wie ein kleiner Junge wirken ließ, war ihre Ausstrahlung. Ein schelmisches Grinsen, wie man es von Jungen kennt, die einen Streich planen. Eine gewitzte Begeisterung, eine ziehende Energie, für die an diesem schwülen Sommertag nur wenige die Kraft fanden. Vielleicht war es dieser Junge, in dem ich mich selbst erkannte.

»Du bist wirklich schwul, oder?« Sie hatte ihren Zettel in einer Bar aufgehängt, in die Schwule und Lesben gehen. Mir war sofort klar gewesen, warum die Chinesin einen Mann brauchte und welchen Mann sie suchte. »Ich will nicht Liebe, nicht Probleme.«

»Ich habe einen Freund«, sagte ich.

»Weiß er, dass wir treffen?«

Ich zog den Strohhalm aus der Eiskugel und saugte ihn von unten leer. »Jetzt mal der Reihe nach. Du brauchst Hilfe. Du bist lesbisch, aber deine Eltern warten darauf, dass du ihnen einen Mann vorstellst?«

»Wenn es für dich okay ist, wir können heiraten in China.«

Wir kannten uns keine fünf Minuten, da war das H-Wort gefallen. Die H-Frage gestellt. Ich hatte nicht einmal ihren Namen verstanden, und sie machte mir einen Heiratsantrag.

»Esst ihr Katzen?« Das war alles, was mir als Antwort einfiel. »Dann kann ich dich auf keinen Fall heiraten.« Ich sagte es, als sprächen wir über das Wetter.

Sie lachte erleichtert. »Nein, nein. Katzen essen nur manche Leute in Südchina. Haha. Wir wohnen im Norden. In kleinem Ort, jeder kennt jeden. Alle reden. Deshalb für meine Eltern sehr schlimm, dass ich nicht verheiratet. Hast du Katze?«

Tom und ich hatten zwei Kater, Puma und Felix, sie waren Brüder, geboren auf einem Müllberg in Spanien. Wir hatten sie bei uns aufgenommen. Als wir erfuhren, dass sie ein Virus in sich trugen, das Leukämie auslösen kann, hatten wir beschlossen, ihnen das Leben so schön zu machen, wie wir konnten.

»In China man sagt, wer keine Katzen mag, bekommt nicht hübsch Frau. Haha.«

»Na, da habe ich ja Glück. Wie alt bist du?«

»In meinem Alter ist nicht gut, in China nicht verheiratet zu sein, vor allem als Frau.«

»Geschwister hast du wahrscheinlich nicht?«

Nein, natürlich hatten auch ihre Eltern nur ein Kind in die Welt setzen dürfen, so war es in China staatlich vorgeschrieben, damals. Ein einziges Kind, auf dem alle Hoffnung lastet, alle Wünsche und Träume von Mutter und Vater, die Zukunft der Familie. Jeder in China hoffte, dass dieses eine Kind ein Junge würde, davon hatten wir im Westen gehört. Alle wollen Enkel, aber die Frau, aus der sie kommen, soll die Schande einer anderen Familie sein. Manche töten ihr Kind, wenn sie erfahren, es ist ein Mädchen, vor der Geburt oder sofort danach.

Der Mensch vor mir hatte seine Eltern schon einmal enttäuscht, gleich bei der Geburt. Die Eltern hatten ihre Tochter leben lassen. Aber dieses Leben stand in ihrer Schuld.

Ich umfasste mein Eiskaffeeglas und versuchte, erst *meine* Gedanken zu ordnen, dann *ihre*. Wir redeten übers Heiraten, und ich wusste nicht einmal die grundlegenden Dinge von ihr. Was machte sie in Deutschland? Warum sprach sie so gut Deutsch? Und wie hieß sie denn nun? Sie erklärte alles geduldig, aber knapp, als wäre es längst klar und müsste nur in Erinnerung gerufen werden. Sie war 32 Jahre alt, hatte in einer Stadt in Ostdeutschland Biologie studiert. Deutsch hatte sie in China gelernt, war über einen Austausch nach Deutschland gekommen.

»Und du, hast du eine Freundin?«

»Ja.« Stille, als wären ihre Worte ins Wasser gefallen. Das »Ja« klang nicht gelogen, aber ich hatte den Eindruck, sie wollte nicht über ihre Lebensumstände sprechen. Sie wirkte vorsichtig, dabei war ich derjenige, der Grund zur Vorsicht hatte: Ein Aushang, eine Unbekannte, heiraten in einem fernen Land – das klang nach einer Geschichte, die unbedarfte Leute in Schwierigkeiten bringen konnte.

Erst jetzt öffnete sie den Schraubverschluss ihrer Wasserflasche. Sie hatte Deutschland bereist, war über Freunde nach München gelangt. Die letzten Tage hatte sie nur in der Stadt verbracht, weil sie auf Nachrichten wartete.

»Kannst du mir deinen Namen buchstabieren?«, fragte ich.

Mit ihrer kleinen Hand malte sie Buchstaben in die Luft, spiegelverkehrt, so dass ich sie von vorne lesen konnte.

»Meilin?«

Sie nickte.

»Und wie heißt diese Kleinstadt, in der du wohnst?«

Mit gezieltem Griff, ohne Suchen und Wühlen, zog Meilin Papier und Stift aus ihrer Gürteltasche und schrieb mir den Namen einer chinesischen Stadt auf, in deutschen Buchstaben.

»Kannst du meine Mutter treffen?«, hörte ich sie fragen, während ich las.

Ich blickte auf. »Wann?« Durch meinen Kopf schoben sich Kalenderblätter, Juli, August, September, Oktober, November. Im Herbst könnte ich nach China reisen, aber wahrscheinlich wäre das überstürzt.

»Morgen.«

Als ich nicht antwortete, rutschte Meilin mit ihrem Sitzwürfel eine Handbreit auf mich zu. »Sie ist hier. Seit Jahren erzähle ich ihr von deutschem Freund. Jetzt meine Mutter ist nach München geflogen. ›Wenn er nicht kommt zu uns, ich komme zu ihm.‹ Ich habe gesagt, er arbeitet als Arzt in Frankfurt, sehr beschäftigt. Jeden Tag sie fragt: ›Wann treffen wir?‹«

»Da kam meine E-Mail«, sagte ich, mehr zu mir selbst als zu ihr.

Meilin nickte. »Meine Mutter reist bald ab. Mir bleibt nicht Zeit. Ich habe Problem.«

Nach diesen Minuten in einem Café am Münchner Odeonsplatz kannte ich den Menschen nicht, der mir auf einem Würfel gegenübersaß. Doch so viel stand fest: Meilin war klug und hatte einen klaren Willen. Sie wusste sich zu helfen. Das imponierte mir.

»Pass auf«, sagte ich. »Eine Hochzeit verspreche ich dir nicht. Aber ich helfe dir bei deinem Notfall. Ich treffe morgen deine Mutter.«

Knusprig, glücklich

Den nächsten Morgen verbrachte ich am Schreibtisch ohne einen Gedanken an meine Verabredung. Mir blieb nichts anderes übrig: Es war der 31. Juli, Abgabetermin für ein Manuskript, dreihundert Seiten. Seit einigen Jahren arbeitete ich als Buchautor, meinen Angestelltenjob hatte ich dafür aufgegeben. Mir blieben nur wenige Stunden, um den Text an den Verlag zu schicken.

Um halb eins schaltete ich das Internet ein und tippte den Namen des Restaurants in die Suchmaschine, den Meilin mir genannt hatte. Es war ein Chinarestaurant. »Dort war ich schon mit meiner Mutter«, hatte sie gesagt. Auf der Suche nach der Adresse kamen mir Gästebewertungen entgegen: »Schlechtestes Chinarestaurant der Welt!«, »Vergewaltigung der Geschmacksnerven«, »Viel zu heiß, bitte Klimaanlage«.

Das Restaurant lag auf einer Ecke. Vierspurige Straßen kreuzten sich, Straßenbahnen, Autos, Menschen, Lärm. Ich lehnte mein Fahrrad an einen Baum und sah hinüber: zwei Stockwerke, große Fenster, dahinter wenig erkennbares Leben. Eine rote Schrift: »Mittags-Büfett«. Hinter den Fenstern im ersten Stock lief prüfend eine Frau vor einem langen Tisch mit Speisen auf und ab. Sie war lässig gekleidet, wie eine Joggerin, die ihre Strecke am nahen Flussufer beendet hatte und sich vor dem Büfett auslief.

Ich ging hinein, die Treppe hinauf. Da saß Meilin allein, sonst sah ich niemanden. Wenigstens schien die Klimaanlage heute zu funktionieren.

»Meine Mutti ist auf die Toilette, sehr aufgeregt.« Das deutsche Wort »Mutti«.

Ich setzte mich und stand gleich wieder auf. Aus der dunklen Nische zum Bad, schräg durch den Raum, kam die Joggerin. Die Ähnlichkeit im Gesicht, in der Kleidung: sportlich, T-Shirt, Funktionshose. Moderne Laufschuhe, gefedert. Die Körper allerdings unterschiedlich, die Mutter war größer, runder, hatte mehr Fleisch. Ihre Haare buschig, fein gelockt, hochtoupiert. Sie strahlte nicht die Spitzbübigkeit ihrer Tochter aus, wirkte gleichmütig, gelassen, majestätisch, das Lachen eher ein Lächeln, eher innerlich als äußerlich.

Gibt man sich in China die Hand? Die Frage schoss erst jetzt durch meinen Kopf. Für die Frau vor mir war ich der langjährige Freund ihrer Tochter, aber ich hatte mich nicht einmal darüber informiert, wie man sich einer Chinesin vorstellt. Ich streckte ihr die Hand hin, wir sind immerhin in einem *deutschen* China-Restaurant, dachte ich. »Ni hao«, sagte ich, guten Tag, stolz darauf, dass ich wenigstens das wusste. Sie nahm meine Hand, ohne sie zu drücken. Sie sah mich nicht an, sah mir nicht ins Gesicht. Sie blickte durch mich hindurch.

Von Muttis Platz konnte man sehen, wie ich mein Fahrrad abgestellt hatte. Und genau das hatten beide sicher getan, aufgeregt, wie sie waren, in alle Richtungen Ausschau gehalten. Der Freund aus Frankfurt, Arzt, seit Jahren keine Zeit, dann schaut er in München zum Mittagessen vorbei, in Jeans und Polo-Shirt. Mit dem Fahrrad! Wie blind musste man sein wollen, um das zu glauben? Oder hätte ich eine solche Geschichte in China vielleicht auch hingenommen, einfach weil ich nicht wusste, wie weit Orte auseinander lagen, wie ein Arzt dort arbeitete und aussah, wie man sich fortbewegte, was realistisch war und was nicht?

Die Mutter sagte etwas, leise, murmelnd, gütig, den Blick geradeaus, wie zu sich selbst, ein Tonfall ohne Höhen und Tiefen. Sie sprach weder Deutsch noch Englisch, das hatte Meilin mir gesagt. Das machte unsere Kommunikation einfacher; Meilin schwebte zwischen uns wie ein Airbag und übersetzte so in beide Richtungen, dass sich für alle eine stimmige Geschichte entfaltete. »Mutti sagt, du siehst sehr deutsch aus. Sie ist zufrieden.«

Die Mutter reichte mir ein Stück roten Stoff über den

Tisch. Es war eine Unterhose mit einem goldenen Drachen und goldenen chinesischen Schriftzeichen darauf. »Paar Geschenke«, sagte Meilin. »In Deutschland Drache heißt Schwiegermutter, ich habe gelernt. In China Drache sehr mächtig. Also ganz ähnlich, hahaha.«

Ich musste lachen. Beim ersten Treffen mit der Mutter meiner Freundin schenkte sie mir eine Unterhose. Die Mutter deutete mein Lachen wohl als Freude über das Geschenk und lachte auch. Nun war sie ermutigt, weitere Geschenke auszupacken: eine Tüte getrocknete Früchte und eine mit Gemüse. »Das hergestellt in Ort, wo wir wohnen.«

Typisch deutsch fand mich die Mutter also. Wie würde ich mir einen typischen Deutschen vorstellen? Blonde Haare, nicht hellblond wie in Skandinavien, mittelblond. Und mittellang. Ein Meter achtzig groß und fünfundachtzig Kilo schwer. So hatte ich es kürzlich in einem Zeitungsartikel gelesen. Das beschrieb in der Tat mich – wenn man zwanzig Kilo abzog. Ich war dünn wie Meilin.

Die Mutter kam mit einem Teller knuspriger Ente vom Büfett, über die abgewetzten Fliesen, unter roten Lampions mit goldenen Schnüren hindurch. Auf halbem Weg machte sie kehrt, um den Teller noch weiter aufzufüllen. Dann stellte sie mir den Entenberg an den Platz.

»Mutti sagt, du bist zu dünn. Typisch deutsch, aber zu dünn, haha.«

»Warum hast du nicht die Wahrheit gesagt?«, fragte ich.

»Ah, sehr gut, sehr schön. Du weißt mit Stäbchen essen.«

»Du hast gesagt, du kommst aus einer kleinen Stadt, jeder kennt jeden. Ich habe im Internet nachgeschaut, die Stadt, die du mir aufgeschrieben hast, hat fast zehn Millionen Einwohner!«

»Sage ich ja. Kleine Stadt. Haha. Nicht mal zehn Millionen, in China kleine Stadt.«

Immer ein »haha« dazwischen. Eine Zehnmillionenstadt, von der ich nie gehört hatte. China war voll davon, acht Millionen, neun Millionen, zehn Millionen. Städte größer als New York samt Vororten, die hier niemand kannte. Meilins Heimat lag zwischen Peking und Shanghai. Dort lebte sie, wie ich nun langsam herausfand, mit ihren Eltern. Ihr Studium hier war beendet. Sie war nur zurückgekommen, um den Freund für die Eltern zu suchen. Den Freund, von dem sie schon so viel erzählt hatte.

Die Mutter aß geräuschvoll, schaute ins Nichts und sprach kaum. Dafür war sie den weiten Weg hierhergekommen? Hätte ich meiner Mutter jemanden vorgestellt, ich hätte sie ermahnen müssen, diese Person nicht pausenlos anzustarren. Nicht Frage an Frage zu reihen. Woher kommen Sie, wo sind Sie geboren, wie heißt Ihre Mutter mit Vornamen, was machen Sie beruflich? Willst du Kinder, hast du Geschwister, ich darf doch »du« sagen? Nein Mama, du kannst nicht zu fremden Erwachsenen »du« sagen. Von einer fehlenden gemeinsamen Sprache hätte meine Mutter sich nicht abhalten lassen. Sie hätte sich alles übersetzen lassen und darauf geachtet, dass die Länge der Sätze stimmte, dass ich nichts wegließ.

Meilins Mutter war das anscheinend alles egal. Wer ich war, woher ich kam, wohin ich ging. Wie oft wir uns sahen, wie wir uns die Zukunft vorstellten. Meine familiären Verhältnisse. Wo meine Eltern wohnten, ob man sie treffen könnte. Was um Himmels willen hier ablief. Das Einzige, was für Meilins Mutter zählte, war: dass ich existierte. Dass ich mich nach all den Jahren als Phantom endlich materialisiert hatte, leibhaftig mit ihr am Tisch saß und Ente mit süß-saurer Sauce aß.

»Mutti wirklich sehr froh«, sagte Meilin noch einmal.

Wir blickten nach draußen, hindurch zwischen dem Bonsai und der Teekanne auf der Fensterbank. Auf der Straße herrschte Tumult, Durcheinander. Stau, zwei Autofahrer waren ausgestiegen und schrien sich an. Die Mutter murmelte etwas hinter einem Hähnchenknochen.

»Es ist sehr ruhig hier, sagt Mutti.«

»Ruhig? Ich habe den Eindruck, an dieser Kreuzung kommt jeder Münchner mindestens einmal am Tag vorbei. Und die Hitze macht die Leute geisteskrank.«

»Haha, für China Verhältnisse ruhig.« Meilin zeigte auf das Essen. »Und das gut chinesische Essen hier.« Wieder musste ich lachen, ich dachte an die Kommentare der deutschen Gäste, die ich im Internet über das Restaurant gelesen hatte. »Vergewaltigung der Geschmacksnerven«.

Während mein Magen süß-sauer gleichzeitig verarbeitete, musste mein Kopf es trennen. Erst süß, dann sauer. Erst: »Das ist eine normale Mittagessensverabredung, ein typisches Büfett in einem deutschen Chinarestaurant, gleich geht's zurück an die Arbeit, du hast heute noch viel zu tun«. Dann: »Wie absurd ist das, was du hier machst?«

Je weiter wir den Entenberg abtrugen, desto höher wuchs der Fragenberg in meinem Kopf. War das richtig, was ich hier tat? Für Meilin, für ihre Mutter? Für mich? Für wen auch immer? Doch die Augen der Mutter sprachen zu mir, obwohl sie mich nicht ansahen. Sie strahlten eine stille Freude aus, die so überwältigend war, dass meine Fragen dagegen nicht ankamen. Ich spielte weiter.

Zum Abschied Fotos, »für meine Mutti sehr wichtig«. Meilin mit mir, Mutti mit mir. »Danke sehr für die Hilfe heute«, würde Meilin mir am Abend schreiben, »meine Mutti, natürlich ich auch, findet dich sehr wohl.«

Ihre letzten Worte vor dem Restaurant lauteten: »Jetzt kennt sie dich. Hahaha.«

Dabei hatte Meilin mir entschieden in die Augen gesehen.

Die Anderen

Das Rot meiner neuen Unterhose war nicht schön, aber es hatte eine Funktion: Es brachte Glück. Glück, Glück, Glück – und Reichtum, das Allerwichtigste in China. Und deshalb ist dort rot, rot, rot, die wichtigste Farbe, das weiß man auch hier. Dazu die goldenen Schriftzeichen, die sicher auch »Glück« und »Reichtum« bedeuteten.

Als ich fünfzehn war, hatte mir meine deutsche Tante schon einmal rote Unterwäsche mit einem chinesischen Drachen darauf geschenkt. Ich hatte keine Freundin, und das war aufgefallen. »Muss dein Onkel dir eine Freundin suchen?«, hatte mein Onkel gesagt. Der Drache sollte mein Liebesleben befeuern. Ich erklärte mir meine Abstinenz beim »anderen Geschlecht«, von dem alle ehrfürchtig sprachen, ebenso, wie es meine Familie den anderen erklärte: dass ich keine Zeit hatte. Ich war gut in der Schule, darauf war meine Mutter stolz, sie war eben eine Lehrerkindmutter. Wie es der Zufall wollte, hatte niemand, der gut in der Schule war, eine Freundin.

Gute Noten und Freundin, das schloss sich gegenseitig aus, das war einleuchtend; man kann sich nicht um die Schule kümmern und gleichzeitig mit der Freundin »Erfahrungen sammeln«. Jedenfalls nicht als Junge. Mädchen mit guten Noten *hatten* Liebesbeziehungen. Später, als meine Eltern den wahren Grund kannten, sprachen sie mit niemandem darüber. Der Drache von meiner Tante war gegen all das machtlos.

Sexy war die Unterhose von Meilins Mutter nicht. Gerade deshalb zeigte ich sie Tom, als er am Abend nach Hause kam. Die »chinesische Sache« hatte ich bisher nicht zu ernst genommen. Ich hatte es nicht nötig gefunden, Tom davon zu erzählen, auch weil wir uns in den vergangenen Tagen kaum gesehen hatten. Doch nun lag eine chinesische Unterhose auf unserem Wohnzimmertisch, und eine Hochzeit stand im Raum.

Tom strich über den roten Stoff. »Aha?«

»Adrian hat so einen Aushang entdeckt«, sagte ich. Ich berichtete von meinem Mittagessen und seiner Vorgeschichte. Und von den möglichen Auswirkungen.

Tom grinste. »Dann müssen wir hier aber auch ein Foto von deiner Frau aufhängen.«

Am nächsten Abend besuchten wir die Geburtstagsparty eines Freundes. Grillen auf dem Balkon, beißender Rauch, Bier, Musik, Gemurmel. Alle erzählten ihre Geschichten.

Ein Paar suchte eine Wohnung, der schreckliche Münchner Wohnungsmarkt. Ein anderer zeigte Fotos von einer Kollegin, die er »an der Angel« hatte. Wieder ein anderer berichtete eine Anekdote vom Viktualienmarkt: Wie die Marktfrau den Käse mit ihren schmutzigen Geldfingern aus der Auslage genommen hatte. Er: »Können Sie mir bitte ein Stück Käse geben, das Sie nicht mit den Händen angefasst haben?« Sie: »Womit soll ich es denn sonst anfassen?«

»Du heiratest ja bald«, sagte Tom laut zu mir.

»Ihr heiratet?«, schallte es herüber.

»Teile von uns heiraten.«

Ich erzählte. Nach und nach hörten die anderen auf zu reden. Als ich beim Essen zu dritt im Chinarestaurant angelangt war, hatten sich die letzten Gäste in die Balkontür gedrängt, um alles mitzubekommen. Es war still, als ich meinen Bericht beendet hatte. Dann sagte jemand: »Also eins muss man dir lassen: Du hast immer die besten Geschichten.«

Am Büfett fing mich ein Freund ab. »Lass den Scheiß! Die wollen Geld, die wollen dich ausnehmen. Das ist unkalkulierbar.« Ein Bekannter von ihm habe aus Mitleid eine Chinesin geheiratet. Sie habe sein Konto geplündert, ihn verfolgt und ihm aufgelauert. Das Leben des Bekannten sei ruiniert.

Meinem Vater erzählte ich eher zufällig von dem Aushang. Er war zu Besuch, und wir verbrachten einen Sommerabend im Biergarten.

Mein Vater sagte: »Dazu sag ich nichts.« Das war seine Sprache für: Ich weiß, dir ist kein Gedanke zu abwegig. Dir ist zuzutrauen, dass du das machst. *Ich* würde es nicht tun, weder an meiner noch an deiner Stelle. Aber ich kann es dir nicht verbieten; wenn Eltern das versuchen, machen es die Kinder erst recht. »Dazu sag ich nichts«, das hieß aber auch: Manches, was ich dir verboten hätte, hat sich im Nachhinein als richtige Entscheidung herausgestellt, zumindest für dich. Deshalb sage ich dazu nichts.

Andere Leute sagten sehr genau, was sie davon hielten. Sie fanden die »Geschichte« – mehr war es bisher nicht – weder gut noch lustig. Meine Freundin Tatja: »Das finde ich ganz, ganz, ganz, ganz schlimm. Wirklich richtig schlimm. Darüber denkst du hoffentlich nicht ernsthaft nach. Die Ehe ist etwas Heiliges. Heiraten ist kein Abenteuerspielplatz.« Tatja *hatte* gerade geheiratet. Sie hatte das Heiraten ernst genommen, sich nicht von ihren Freundinnen unter Druck setzen lassen, von denen eine nach der anderen den Brautstrauß warf oder fing, in immer kürzeren Abständen.

Tatjas Worte beschäftigten mich. Die Vorstellung, dass

es für jeden Menschen auf der Welt genau *einen* anderen, richtigen Menschen gibt – und wenn sich einer nicht an die Regeln hält, bringt er diese Ordnung für alle durcheinander. Was für ein beruhigender, beunruhigender Gedanke. Ja, Heiraten ist etwas Ernstes, Wichtiges. Viele »echte« Ehen werden unüberlegt geschlossen – war es da nötig, eine »unechte« Ehe zu inszenieren? Aber Meilin wollte heiraten, *weil* es wichtig war. Sie nahm die Ehe ernst, sonst hätte sie ihren Eltern gesagt: »Ich heirate nicht.« Selbst in China kommt man dafür nicht ins Gefängnis. Für Meilin war es kein Spiel, kein Abenteuer. Für sie war es ein Hilfeschrei.

»Wenn ich mit dir zusammen wäre«, sagte mein bester Freund Jonas am Telefon, »würde ich mich von dir trennen. Und zwar nicht erst, wenn du diese Chinesin heiratest. Sondern schon jetzt. Bist du noch bei Trost? Glaubst du, Tom nimmt das so locker, wie er tut?«

An einem anderen Tag sagte Jonas: »Ich hätte Angst. Mal gehört, wie wichtig es für Chinesen ist, das Gesicht zu wahren? Was, wenn das rauskommt? Die sperren dich für immer im Keller ein, hacken dir die Finger ab, irgendwo in China. Oder bringen dich um. Vielleicht haben sie Beziehungen zur Mafia, die findet dich überall. Die Kampfkünste. Die Waffen! Mit einer chinesischen Familie würde ich nicht spaßen. Das lässt du sein!«

Jonas war einer der wenigen Menschen, die Dinge zu mir sagten wie: »Das lässt du sein!«. Oft kam es mir vor, als spreche er für alle anderen, die das Gleiche dachten, aber nicht den Mut hatten, es auszusprechen. Als äußerte er vorher, was andere hinterher wussten.

Ich googelte »traditionelle chinesische Waffen«. Der »Dreistock«: Drei Holzstöcke, die durch kurze Ketten miteinander verbunden sind, jeder drei Zentimeter dick und sechzig lang, über einen Meter achtzig sausen diese Stöcke durch die Luft und nehmen Schwung auf, bevor sie auf deinen Körper klatschen. Die »Neun-Teile-Peitsche«: wie eine Fahrradkette mit neun langen Gliedern, am einen Ende ein Holzgriff, am anderen eine Speerspitze. Das »Nunchaku«: ursprünglich aus Japan, in Deutschland als »Würgeholz« verboten. Eine Kette mit Holzgriffen an den Enden; handlich, jeder kann es in der Tasche verstecken und jemandem auflauern, auf der Toilette, im Hotelzimmer, in einem dunklen Hauseingang, überall. Man legt dem Opfer von hinten die Kette um den Hals und zieht sie an den Griffen zu, eine Sache von Sekundenbruchteilen. Das Opfer erstickt stumm. Oder man benutzt das »Nunchaku« als Folterinstrument, um das Handgelenk zu quetschen. Der »Meteorhammer«. Die »Mondzahnschaufel« … Ich schaltete das Internet ab.

Ich mag das Abenteuer, aber nicht die Gefahr.

Meine Schwägerin hielt mich für krank. Sie hatte sich über Toxoplasmose informiert. Die meisten Katzen tragen den Erreger dieser Krankheit in sich, auch wenn man es ihnen nicht anmerkt. Der Mensch nimmt ihn auf und gibt ihn weiter. Für Schwangere kann das schädlich sein; deshalb hatte sich meine Schwägerin mit dem Thema beschäftigt. In einer Rubrik »Persönlichkeitsveränderungen« stand: Männer, die sich bei Katzen infiziert haben, übertreten Regeln und ignorieren Warnungen. Sie gehen unnötige Risiken ein.

»Als ich das mit China hörte«, sagte meine Schwägerin, »war ich sicher: Du hast es.«

Andreas und ich sind seit unserer Kindheit befreundet. Inzwischen war er Psychiater.

»Hochinteressant, was du da erzählst«, sagte er bei einem gemeinsamen Essen. »Was deine Mutter sagen würde?«

»Meine Mutter *wollte*, dass ich eine Frau heirate.«

»Eben«, sagte Andreas.

»Aber doch nicht eine Scheinehe mit einer Chinesin!«

»Eben.«

Tun, was die Mutter gern gehabt hätte – auf eine Weise, die sie *nicht* gern gehabt hätte.

»Folgsamkeit und Auflehnung durch dieselbe Tat«, sagte Andreas. Darauf musste man erst einmal kommen.

Roter Regen

Das »Tambosi« am Hofgarten ist ein vornehmer Ort, seine Ursprünge gehen zurück ins 18. Jahrhundert, »auf das Eleganteste dekorirt«, wie schon Ludwig I. bemerkte, damals König von Bayern. Ein typisches Kaffeehaus, das älteste dieser Art, das in München noch existiert. Hier trafen und treffen sich Schauspielerinnen, Künstler, Erben. Wenn es das Wetter zulässt, sitzt man draußen, zur Not mit roten Decken, alle Stühle in eine Richtung, auf die Feldherrnhalle, den Odeonsplatz, so kann jeder beobachten, wie er von anderen beobachtet wird. Man ist gut geschminkt und teuer frisiert.

Auf diesen altehrwürdigen Stühlen lässt sich an einem Nachmittag im späten August eine Chinesin mit hochtoupierten Haaren und Funktionskleidung nieder, öffnet einen Rucksack, holt zwei Plastikschüsseln heraus, drei Plastikbecher und zwei Plastikbierflaschen und stellt alles auf einen Tisch. Bevor sie etwas davon öffnen kann, wird sie fortgejagt, mit Gesten und bayerischem Geschimpf.

Die Szene sah ich aus der Ferne und beschleunigte meinen Schritt. Meilin war mit ihrer Mutter ein paar Tage auf Europareise gewesen, von unterwegs hatte sie mir geschrieben: »Wenn du denkst, dass ich und meine Mutter dich nicht stören, vielleicht nach 15. August willst du mit uns noch einmal treffen? Meine Mutter möchte für dich Jiaozi kochen.« Dass ich Jiaozi mag, hatte ich beim Kennenlernen erwähnt. Chinesische Teigtaschen; manche vergleichen sie mit Maultaschen, aber sie sind kleiner, filigraner. Durch einen dünnen Teig schimmert die Füllung wie durch Pergamentpapier, Gemüse, Fleisch oder Garnelen. Die Öffnung ist kunstvoll verschlossen, die Form der Jiaozi erinnert an Kokosmakronen. »Wir werden das Essen mitbringen, brauchen wir nur einen Ort.«

Ich hatte vorgeschlagen, dass wir uns noch einmal am Odeonsplatz treffen, um eine Picknickstelle im nahen Park zu suchen. Meilin und ihrer Mutter hatte offenbar gleich das Tambosi zugesagt.

»Ich habe gehört, in Bayern darf man überall Essen mitbringen. Im Biergarten. Aber sie wollen nicht.« Verstört hielt Meilin die Bierflaschen in der Hand, ihre Mutter hatte die großen Plastikschüsseln unter den Arm geklemmt.

»Das stimmt, aber das Tambosi ist kein Biergarten«, sagte ich. Die letzten Worte konnten Meilin und ihre

Mutter nicht mehr hören, denn ich drehte mich um und rannte los, ein Reflex auf den Regen, der ohne Vorwarnung auf uns prasselte. Zu dritt stürmten wir in den Englischen Garten, den riesigen Park in der Münchener Innenstadt, rannten, rannten, rannten, bis es plötzlich trocken war.

Wir standen - ausgerechnet - unter dem Chinesischen Turm. Auch er existiert seit dem 18. Jahrhundert, fünfundzwanzig Meter hoch, ein Turm aus dunkelbraunem Holz, erbaut als Aussichtsplattform für den Englischen Garten. Wie ein mehrstöckiger Tempel, der nach oben schmaler wird, eine typisch chinesische Form, die gleichzeitig wie ein deutscher Weihnachtsbaum aussieht. Am Wochenende spielt auf den mittleren Stockwerken eine Blaskapelle, für den Frühschoppen im Biergarten um den Turm herum. Bayerischer kann ein chinesischer Turm nicht sein. Fünf Stockwerke hat er, im ersten, offenen, ebenerdigen waren wir gelandet, zwischen Holzsäulen, auf staubigem Kiesboden, aus dem nun Schlamm quoll.

»Haha.« Meilin strahlte.

»Hier darf man tatsächlich Essen mitbringen«, sagte ich.

Tausende tummeln sich hier, wenn das Wetter schön ist, mit Picknick und Bier. Jetzt waren die Tische leer, Hunderte von grünen Biertischen, umgefallene Bänke, ein vergessenes Bierglas am Boden, ein großes, bayerisches Glas, eine Litermaß, halb voll mit Regenwasser, und wir konnten sehen, wie der Pegel stieg. Wir standen bei Regen mitten in einem großen verlassenen Park, mitten in einer großen Stadt, wir drei ganz allein.

Unter dem Schutz des Turmes packte Meilins Mutter alles wieder aus, murmelnd. Meilin übersetzte. »Das hier mit Gemüse, das mit Fleisch.« Die Plastikdeckel wurden zu Tellern. Es mussten einige Kilo Jiaozi sein, die Arbeit vieler Stunden.

»Meine Mutter hat die ganzen Tage Sorgen gemacht, weil du zu dünn bist.«

»Ist es bei Chinesen üblich, Europa so intensiv zu bereisen?«

»Nein, haha, nur wenn man Geld dafür hat.«

Die Mutter schob mir Teigtaschen hin. »Wenn du in unsere Familie kommst, du wirst wie König behandelt.«

Messer und Gabel hatte die Mutter statt Stäbchen mitgebracht, ganz deutsch, eine Packung Papiertaschentücher als Servietten. Sie öffnete kleine Behälter mit der dunklen Sojasoße, in die man die Jiaozi taucht, dann sahen sie endgültig aus wie Kokosmakronen nach dem Schokoladenbad. Und wichtig: die rote Soße, das Rot meiner Unterhose.

»Das Chili, weil du gern magst.«

»Warum bleibst du nicht in Deutschland? Du sprichst

gut Deutsch, hier bist du weit weg von deinen Eltern und kannst machen, was du willst.«

»Ist nicht so leicht, wie klingt. Ich wohne mit meinen Eltern, denn ich bin nicht verheiratet.«

»In derselben Wohnung?«

»Drei Zimmer, mein Zimmer, meine Elterns Zimmer, Wohnzimmer für uns alle. Und Küche. Da machen wir viele Jiaozi. Mutti sagt, du kannst so viele Jiaozi haben, wie du willst, wenn du nach China kommst.«

»Die Jiazoi schmecken toll!«

Die Mutter strahlte; als Meilin übersetzte, winkte sie wissend ab.

»Weiß deine Mutter ...«

»Sie hat nicht verstanden. Ich habe versucht, es ihr zu sagen. Leute in China, die Älteren, können sich nicht vorstellen, Frau und Frau, Mann und Mann, sie haben nicht davon gehört. Auch eine Frau ohne Mann können sie nicht vorstellen. Nur Frau mit Mann, Mann mit Frau.«

Wie sagt man seinen Eltern etwas, für das sie kein Wort kennen? Wer in Deutschland in den Fünfzigerjahren zu seinen Eltern sagte, »so« bin ich, hatte es schwer. Aber die Eltern wussten immerhin, was er meinte.

Die Mutter schraubte eine Bierflasche auf.

»Und die jungen Leute?«

»Sie wissen. Sie kennen. Es gibt Internet. Mit jungen Leuten kein Problem in China. Machst du Sport?«

Wie ich mir gedacht hatte, war Meilin sehr sportlich: Laufen, Ausdauer, Gymnastik. Momentan arbeitete sie als Trainerin in einem Fitnessstudio in China. Ihre Eltern waren Rentner. Ihr Vater hatte in einem großen Unternehmen gearbeitet, ein Staatsunternehmen, wie ich es verstand, etwas mit Energie. Hin und wieder half Meilin dort aus, übersetzte für die Marketingabteilung, für Lieferungen nach Deutschland. Ihre Mutter war Buchhalterin gewesen.

»Mutti sagt, Deutschland sehr schönes Land. Ihr Lieblingsort ist Königssee. Dort sehr schöne Landschaft, wie bei uns, im Osten von China. Du wirst alles sehen, wenn du kommst.«

Es hatte aufgehört zu regnen, doch war es kalt geworden. Wir zogen Jacken an. Ich legte alles aus der Hand, die Gabel, die Jiaozi, das Bier. Ich sprach, als wären meine Worte nur gültig, wenn ich sie langsam und deutlich sagte.

»Meilin, ich kann dich nicht heiraten. Ich weiß nicht, was das für Folgen hätte. Für dich. Und für mich.«

Meilin nickte. »Machen Fotos.«

Ein Foto mit der Mutter, eines mit Meilin. Vor uns die Plastikbecher. Wenn ich mir das Foto heute anschaue, fällt mir auf, dass nur in meinem Becher Bier war. Alkohol ist Männersache in China. Nur für mich, nur für ihren zukünftigen Schwiegersohn, hatte die Mutter Bier mitgebracht, mitten am Tag. Jetzt drückte sie mir die restlichen Jiaozi in die Hand, samt Soße.

»Mach dir keine Sorgen. Wir müssen nicht heiraten offiziell. Nur Hochzeitsfeier, für Verwandte und Freunde in China. Mehr nicht.«

Auf dem Boden vor uns war eine rote Pfütze. Der Regen hatte sich mit scharfer Soße vermischt. Zu Hause legte ich die Jiaozi ins Gefrierfach.

Chinesisches Ehegesetz

»Wir dürften nicht mehr zusammenwohnen«, sagte ich.

Tom fuhr. Samstagmorgen, wir reisten zu einer Hochzeit, eine Freundin von Tom heiratete im Umland. Seit meiner E-Mail an die chinesische Adresse mit den vielen Ziffern waren drei Wochen vergangen.

»Also strenggenommen.«

Tom stellte die Musik leiser, Benjamin Biolay, ein französischer Sänger, Nouvelle Chanson, aus einem alten CD-Player im Armaturenbrett. »Und wer kickt dann einen von uns aus der Wohnung?«, fragte er.

»Moment.« Ich scrollte auf dem Smartphone. Ich lag auf dem Beifahrersitz, die Rückenlehne nach hinten gestellt wie eine Strandliege, so holte ich Wochenendstimmung ins Auto. Bei einer Vollbremsung würde ich Füße voraus durch die Windschutzscheibe schießen. »Das zuständige chinesische Volksgericht.«

Offiziell heiraten oder »nur« Hochzeit feiern – machte das in China einen Unterschied? Welche Folgen hätte das eine, welche das andere, für uns, für mich, für Meilin, für unsere Familien? Ich hatte das »Ehegesetz der Volksrepublik China« im Internet gefunden, erst auf Chinesisch, dann, mit einem Übersetzungsprogramm, auf Deutsch.

Das Ehegesetz war für die Frauen erlassen worden. Es stammte aus dem Jahr 1950, das erste Gesetz der Volksrepublik China, die ein Jahr zuvor gegründet worden war. Bis dahin hatte Chaos geherrscht, und dieses Chaos hatte vor allem Frauen in die Verzweiflung getrieben. Eheschließungen wurden nirgendwo registriert, einen Unterschied zwischen offizieller Ehe und inoffiziellem Zusammenleben gab es nicht. Ein Mann konnte Beziehungen zu mehreren Frauen führen, den Konkubinen. Frauen wurden zur Ehe gezwungen, oft als Mädchen, gefangen als Kindersklaven im Haus eines fremden Mannes. Sie konnten sich aus ihrem Schicksal nicht befreien; nur der Mann durfte die Ehe beenden, indem er die Frau verstieß. Kinder und Eigentum nahm er mit. Eine Witwe musste Witwe bleiben, bis sie starb. Viele Mädchen sahen den einzigen Ausweg darin, ihrem Leben ein Ende zu setzen. Eine Selbstmordwelle erschütterte das Land. Das Ehegesetz sollte Frauen und Mädchen schützen.

»Heute müssen Männer zweiundzwanzig Jahre alt sein, Frauen zwanzig. Der chinesische Staat will, dass alle spät heiraten. Und spät Kinder bekommen, so steht es hier«, sagte ich.

»Dann ist diese Meilin ja die perfekte chinesische Staatsbürgerin. Mit zweiunddreißig hat sie kein Kind und ist nicht verheiratet.« Tom kicherte.

»Und die Ehe muss absolut freiwillig sein«, sagte ich, während ich las. »Keiner darf jemanden zwingen oder sonst wie unter Druck setzen.«

Wir schwiegen, dachten wohl beide das Gleiche. Genau das geschah bei Meilin: Sie »wollte« heiraten, weil ihre Eltern, die Gesellschaft sie unter Druck setzte.

»Jedenfalls: Wer verheiratet ist, darf nicht mit einer anderen Person zusammenleben. Nicht wie in einer Ehe.«

Tom wandte seine braunen Augen, die mit hundertvierzig Stundenkilometern über die Autobahn flogen, für eine Sekunde von der Windschutzscheibe ab und sah mich an. Sein Dreitagebart wölbte sich zu einem Grinsen. »Na, ob ein chinesisches Volksgericht ausgerechnet *unser* Zusammenleben als eheähnlich betrachten würde?«

Wir lachten.

»Andererseits ...«, sagte Tom. »Ich habe mal über einen Mann gelesen, der in China seine Geliebte umgebracht hat. Sie war schwanger von ihm, Zwillinge, glaube ich. Sie hat ihn erpresst, er sollte sie heiraten oder ihr Millionen zahlen. Er hat sie gefesselt und in eine Ledertasche mit Steinen gepackt. Die Tasche hat er im Fluss versenkt.« Tom drehte die Musik wieder lauter.

Stumm las ich weiter. »Es ist verboten, jemanden gegen Geld zu heiraten oder sich durch die Ehe Geld zu verschaffen.« Würde ich gegen das chinesische Gesetz verstoßen, wenn Meilin mir den Flug nach China bezahlte, wie es auf dem Aushang stand? Die Ehegatten schulden in China einander Unterhalt, wie in Deutschland. »Mann und Frau müssen sich gegenseitig respektieren und ihre älteren Angehörigen achten und pflegen.« Wäre ich mit einer Hochzeit für Meilins Familie verantwortlich? Was, wenn ihre Eltern plötzlich in Deutschland auftauchen und verlangen, dass ich mich um sie kümmere, sie hier aufnehme oder in China pflege? Könnte ich ihnen dann erklären, dass das alles nicht so gemeint war?

Was man während der Ehe erwirbt, durch Arbeit, durch Geschenke, durch Erbschaften, gehört beiden Eheleuten gemeinsam. Würde mein Vater sterben, würde sein Haus in Deutschland, das Geburtshaus meiner Mutter, womöglich auch einer Frau in China gehören. *Meiner* Frau.

Vielleicht hatte mein bester Freund Jonas recht. Ich hatte keine Ahnung, worauf ich mich einließ.

Tom kurbelte das Dachfenster auf. »Warum müssen alle im Hochsommer heiraten?«

»Damit die Männer eine Ausrede haben, ihre Krawatten auszuziehen«, sagte ich. »Und sich lustig um den Kopf zu binden, wenn sie betrunken sind.« Nun stellte *ich* die

Musik leiser. »Versprichst du mir, dass du dir nachher nicht die Krawatte lustig um den Kopf bindest?«

»Na ja«, sagte Tom, »das Entscheidende ist doch: Ist man in China verheiratet, wenn man Hochzeit feiert? Oder erst mit einem Trauschein vom Amt?«

Da wurde mein Bildschirm schwarz. Der Akku war leer. Der letzte Satz, den ich gelesen hatte, lautete: »Es ist verboten, Kleinkinder zu ertränken.«

Die Hochzeit fand in einer dachlosen Ruine statt. Das Paar, das mit uns am Tisch saß, erzählte ohne Pause. Sie waren aus dem Urlaub zurückgekehrt, China. Peking, die Mauer, Tee, Tempel, der komplette Reiseführer, sie reichten Fotos auf dem Handy herum.

»China vollstreckt ja die meisten Todesstrafen auf der Welt«, sagte die Frau. »Für jede kleine Gesetzesübertretung wirst du hingerichtet.«

Ihr Mann hielt prüfend das Weinglas. »Zum Glück sind wir nicht bei Rot über die Straße. Zumindest haben wir uns nicht erwischen lassen.« Er zwinkerte in die Runde wie als Bitte, diesen besonders guten Witz vorerst als Geheimtipp zu behandeln.

Ich stand auf, warf die Serviette auf den Boden, ging zur Toilette und suchte eine Steckdose. Aus meiner Tasche holte ich ein Ladekabel und schloss das Handy an. Ich gab ein: »Todesstrafe China«.

Mit den Unterarmen auf ein Waschbecken gestützt las ich: Wie viele Menschen in China jedes Jahr hingerichtet werden, ist ein Staatsgeheimnis. Es sollen Tausende sein. Todesstrafen würden bald nach dem Urteil vollstreckt, berichtete eine Menschenrechtsorganisation, um zehn Uhr morgens, durch einen Schuss in den Hinterkopf, an einem geheimen Ort. Angehörige würden erst kurz vorher informiert, wenn überhaupt. Zu Feiertagen gebe es Massenhinrichtungen. »Verdächtige« würden oft lange eingesperrt, ohne Prozess, ohne Anwalt, ohne Dolmetscher. Mit Folter.

Für rund fünfzig Taten riskiert man in China die Hinrichtung, darunter: Diebstahl von Benzin, Herstellung und Vorführung pornographischen Materials, illegales Herstellen, Kaufen und Verkaufen von arsenhaltigem Rattengift, sogenanntem »dushuqiang«. Und schwerer Gemüsediebstahl.

Die zweithöchste Strafe: für immer ins Gefängnis. Sie gilt für »weniger schwere« Delikte.

Wo war es einzuordnen, wenn man gegen das Ehegesetz verstieß? Eine Ehe vortäuschte?

»Na, Geschäfte?« Ein anderer Gast war in den Waschraum gekommen.

Draußen, später, Musik, Dämmerung, Abendluft. Wein, Bier, Cocktails. Ich zog Tom auf die Tanzfläche, nicht in die Mitte, an den Rand. »Jonas hat gesagt, er würde sich sofort von mir trennen, wenn er du wäre und ich den Schwiegersohn für eine chinesische Familie spiele.«

Tom blickte durch die Menge zum DJ. »Ach, weißt du.« Eine Weile sagte er nichts. Dann: »Wer, wenn nicht wir, könnte verstehen, in welcher Not diese Frau ist?«

Ich zog Tom zu mir, langsam und stark, bis sich die Krawatten berührten, die wir uns um die Stirn gebunden hatten.

Spät am Morgen, im Hotelzimmer, räkelte sich Tom im Kissen. »Wie war das jetzt mit dem offiziell Verheiratetsein in China?«

Ich griff nach dem Handy, tippte und wischte. »Ein Mann und eine Frau müssen persönlich zur Ehebehörde kommen und die Ehe registrieren.« Meine Stimme war rau wie Toms.

»Also wie in Deutschland. Die Ehe wird auf dem Standesamt geschlossen.«

»Moment. Hier steht noch ein Satz: ›Ist die Ehe nicht registriert, muss die Registrierung nachgeholt werden.‹«

Diesen Satz hatte der Volkskongress im Jahr 2001 ergänzt. Die Bedeutung war klar: Auch ohne Registrierung kann man in China eine Ehe schließen. Es gibt Ehen mit Trauschein und Ehen ohne Trauschein. Wie ich später erfuhr, sind auf dem Land viele Ehen nicht registriert, weil die Leute die Gebühr sparen wollen. Trennt sich ein solches Paar, wird das ähnlich behandelt wie eine Scheidung. Auch dann gibt es Vermögen aufzuteilen.

Meilin und ich planten nicht, wie Eheleute zusammenzuleben. Aber welches Gewicht hatte eine Hochzeitsfeier? Vor hunderten Zeugen?

Zu Hause holte ich einen Kasten mit Visitenkarten aus dem Regal. Ich blies Staub von der schwarzen Rollabdeckung, lange hatte ich diesen Kasten nicht gebraucht. Er enthielt Kontakte mit Menschen, die ich in einer Zeit vor Facebook kennengelernt hatte. Mit einem Schnappgeräusch schoss die Abdeckung nach hinten. Ich blätterte in der Abteilung »KLM« und zog eine Karte heraus.

Warnung aus Peking

Am Montagmorgen setzte ich mich vor die Kamera meines Computers und strich mir durch die Haare. Ich öffnete Skype, suchte einen Namen und klickte auf »Videotelefonat«. Nach drei Rufzeichen nahm jemand das Gespräch an. Eine Chinesin im dunkelblauen Businesskostüm erschien auf meinem Bildschirm.

»Das ist Peking.« Die Chinesin deutete auf graues Gegenlicht.

Lining hatte ich vor Jahren kennengelernt, wir hatten zusammen studiert, ein Masterstudium in den USA. Ich hatte vermutet, dass sie jetzt als Anwältin arbeitete, in Peking oder Shanghai. Ihre private E-Mail-Adresse auf der Visitenkarte war noch aktuell. Sie hatte vorgeschlagen: »Let's skype.«

»Du siehst selbstbewusst aus«, sagte ich.

Ich erinnerte mich daran, wie ich ihr begegnet war, damals in Amerika: Ihre erste Reise ins Ausland, mit Mitte zwanzig, gleich für ein Jahr. Nur wenig Englisch, die Aussprache schwierig, kaum eine Unterhaltung möglich. Ihre Einsamkeit, ihre Unsicherheit. Anders als viele Asiaten hatte sie sich keinen englischen Spitznamen zugelegt, wollte keine »Sunny« sein und keine »Denise«, sondern Lining bleiben, der Mensch, der sie war. Ihre Angst vor dem Essen. Sie ging nur in Chinarestaurants, weil sie nicht wusste, was ihr woanders auf den Teller geschoben wurde, ob sie vergiftet oder bei der Rechnung betrogen wurde. Das ist der Grund, erklärte sie mir, aus dem viele Chinesen ihr Essen mitnehmen, wenn sie verreisen. Wie es Meilins Mutter getan hatte, samt Geschirr.

Von all dem jetzt nichts mehr. »Du hast eine Frage das chinesische Recht betreffend«, sagte Lining in geschäftigem Ton.

Ich schilderte ihr – nachdem wir in wenigen Worten die letzten Jahre aufgearbeitet hatten, nachdem sie mir die wichtigste Neuigkeit aus ihrem Leben genannt hatte: Heirat – den »Fall«.

Sie nickte, nickte, nickte, nicht überrascht. »Es ist schrecklich für Frauen. Wenn du auf die dreißig zugehst und nicht verheiratet bist, beginnt die Hölle in China. Jeder Besuch bei den Eltern, jede Familienfeier. Die Fragen.«

Zum ersten Mal wurde mir bewusst, dass Meilins Problem nur am Rande damit zu tun hatte, dass sie lesbisch war.

»Schau hier.« Lining schickte mir im Chat, der parallel lief, einen Link. Ich klickte, viele Fotos, Toilettensitze, Marmelade, Jiaozi, rosa Gummistiefel. Chinesische Schriftzeichen.

»Was ist das?«

»Man kann sie mieten. Taobao ist die größte Verkaufsplattform in China, wie Amazon woanders, man bekommt dort alles. Auch falsche Partner. Man kann sie mieten, wenn man seine Eltern besucht, für Feiertage, das chinesische Neujahrsfest, das Mondfest. Damit die Eltern aufhören zu fragen.«

Im Chat kam ein weiterer Link. Ich klickte auf »Diese Seite auf Deutsch übersetzen«. Ein Angebot aus der Stadt, in der Meilin wohnte. Mehrere Fotos eines jungen Mannes, mal im Anzug, mal im Pullover, mal tänzelnd, mal in den Himmel schauend, Blumen in der Hand. »Miete hübschen Freund für Eltern, customized, individuelle Eigenschaften.« Darunter ein Button: »In den Warenkorb.« Daneben: »Anzahl: 1 (auf Lager: 366)«. 173 Zentimeter groß, 69 Kilogramm schwer, Akademiker, Arzt, kein Alter. Der Preis: 399 Yuan pro Treffen, 54,01 Euro, wie ich in einem anderen Fenster umrechnete. Expressaufschlag: 28 Yuan. Hand halten kostet extra, ebenso wie Kuscheln vor den Eltern. »Sehe aus wie auf Foto. Aber auch anders möglich.«

Millionen Chinesinnen hatten das gleiche Problem. Der Unterschied zu Meilin war: Sie konnten hoffen, dass der Zustand vorübergehend war, konnten Geld in ein paar Treffen mit einem falschen Freund investieren, insgesamt ein überschaubarer Betrag, um für einen überschaubaren Zeitraum alle bei Laune zu halten. Meilin fehlte diese Hoffnung. Sie wusste, dass sie den Wunsch ihrer Eltern niemals erfüllen würde. Solange die Eltern lebten, hätte sie für einen Freund bezahlen müssen, für jedes Treffen, fünfzig Euro oder mehr, Händchenhalten zusätzlich. Es hätte sie ein Vermögen gekostet, an Geld, Planung und Nerven. Dass sie lesbisch war, war nur ein Detail. Aber eines, das ihr Problem zuspitzte.

»Du hast das chinesische Ehegesetz gelesen«, sagte Lining. »Es gibt eine De-facto-Ehe in China, so nennen wir das. Man kann verheiratet sein, ohne bei der Behörde registriert zu sein. Voraussetzung ist, dass man wie ein Ehepaar lebt.«

»Hm ... Sie würde in China wohnen, ich in Deutschland. Ist das ein Leben von Eheleuten?«

»Eine große Feier mit Geschenken und Gästen. Ein Album mit Hochzeitsfotos, das nie mehr aus der Welt zu schaffen ist. Valentin –« Lining sah jetzt direkt in die Kamera. »Du musst davon ausgehen, dass das in China eine rechtliche Bedeutung hat.«

Dann ging sie zurück an ihre Arbeit.

Meilin hatte ich nur noch einmal getroffen, wieder auf dem Odeonsplatz, um ihr die Schüsseln zurückzugeben, bevor sie mit ihrer Mutter nach China flog. Sie trug eine Windjacke, bis oben geschlossen, der Gürtelbeutel gefüllt. Sie wirkte reisefertig, am Grenzübergang zwischen zwei Welten.

»Warum suchst du eigentlich keinen chinesischen Mann, um für deine Eltern Beziehung zu spielen?«, hatte ich gefragt. »Wäre das nicht einfacher?«

»Komplizierter. Ich muss alle Zeit mit ihm verbringen. Meine Eltern wollen immer sehen. Einfacher ist: Valentin wohnt in Deutschland, kann nicht zum Essen vorbeikommen. Aber er ist mein Freund.« Diesmal kein »haha«. »Wenig Zeit«, sagte sie wie zur Entschuldigung. »Mama wartet zu Hause, sehr aufgeregt, wir packen.«

Sie hielt mir eine Plastiktüte hin. »Mehr Jiaozi, weil du so gern magst. Und scharfe Soße.« Kein Wunder, dass ihre Mutter gestresst war.

»Was soll ich mit den neuen Schüsseln? Wir haben uns doch extra getroffen, um …«

»Ist kein Problem. Gibst du mir schon zurück, irgendwann.«

Sie reichte mir die Hand. »Vielen Dank, du hast mir geholfen.« Sie drehte sich um, setzte die Rolltreppe in Bewegung und fuhr nach unten.

Jeder war in seine Welt entschwunden. Nur die neuen Schüsseln von Meilins Mutter blieben zurück in einer Welt, in die sie nicht gehörten: in unserer Küche. Ich wollte sie nicht haben, aber ich hatte sie angenommen und war nun für sie verantwortlich. Ich fror die Jiaozi ein, holte eine Tretleiter und stellte die Schüsseln in den hohen Schrank, in das Fach ganz oben, ganz hinten, wo Dinge da sind, aber nicht stören.

Und die Menschen? Wohin mit Menschen, die man aus seinem Leben nicht einfach löschen kann, mit denen man aber auch nicht weiß, was tun und wohin? Ich öffnete Facebook und suchte Meilins Namen. Da war sie, tatsächlich. Ich klickte auf »Freundschaftsanfrage senden«.

Doch Meilin nahm meine Anfrage nicht an. Stattdessen eine E-Mail: »Ich bin zurück in China. Ich habe E-Mail bekommen, du möchtest mich auf Facebook adden, aber hier kann man Facebook nicht nutzen. Wünsch dir alles gut. Wir bleiben in Kontakt.«

Holzpferd

Einige Monate geschah nichts. Keine E-Mail, kein Anruf. Leere, Stille. Meilins Mutter hatte den Freund ihrer Tochter kennengelernt. Ich hatte einem Menschen bei einem Problem geholfen. Die Geschichte war abgeschlossen, so schien es.

Heiligabend verbrachten wir bei meiner Familie, Tom und ich, mein Bruder mit seiner Frau, mein Vater. Bevor ich schlafen ging, warf ich einen Blick auf mein Handy. Um null Uhr, null Minuten und null Sekunden in der Nacht auf den 25. Dezember war eine elektronische Karte eingegangen, auf die Sekunde genau zu Beginn des ersten Weihnachtstages: »Frohe Weihnachten! Happy! Gesund! Glücklich!« Daneben zwei orangefarben blinkende Buttons mit roten chinesischen Schriftzeichen.

Ich klickte auf den linken, ein Fenster öffnete sich, Musik klirrte aus dem Handy, Jingle Bells, auf einem künstlich klingenden Piano. Schnell presste ich die Hand auf den Lautsprecher, damit die anderen nicht aufwachten. Auf dem Display lief ein Animationsfilm: Ein geschmücktes Einfamilienhaus mit verschneitem Vorgarten, leuchtende Eiszapfen, drinnen ein Tannenbaum mit goldenem Stern, ein schlafendes Kind, ein Weihnachtsmann fliegt durch den Schornstein und stellt ein Geschenk neben das Kind. Die Musik spielte weiter, bis ich sie abstellte. Alles sah amerikanisch aus, doch die Schriftzeichen, die dazu erschienen, waren chinesisch. Weil es ein Film war, funktionierte die »Seite übersetzen«-Funktion nicht. Mit dem Wunsch der Schriftzeichen, die ich nicht verstand, schlief ich ein.

Zurück zu Hause, Anfang Januar, schickte ich Meilin ein Foto aus einem Chinarestaurant, in dem Tom und ich zu Abend aßen. Ein typisch deutscher Chinatisch: mattrosa Stofftischdecke, Warmhalteöfchen mit Teelichtern, geschnitzte Möhren, eine Kerze, eine verstaubte künstliche Blume in einer dünnen Vase, Porzellantässchen mit Jasmintee. Daneben bayerisches Bier. Die Teller waren halb voll – ich hatte ein Essen mit meinem Freund unterbrochen, um meiner Scheinfreundin ein Foto zu schicken. Ich erschrak über mich selbst, tippte nur schnell »Chinesisches Menü …;)« in den Betreff und sandte die E-Mail ab.

»Vielleicht denk mal nach China«, antwortete Meilin am nächsten Tag. »Hier gibt es genug leckere Essen.«

Ich schrieb: »Haha.«

Als wir in Deutschland die Weihnachtsbäume abbauten, die Geschenkpapiere falteten und die Strohsterne in die Kisten mit der Aufschrift »Weihnachten« legten, nahte für Meilin und ihre Familie erst das große Fest: das chinesische Neujahr, dieses Jahr am 31. Januar. Auf das Jahr der Schlange folgte das Jahr des Pferdes. Tiere treffen im chinesischen Kalender mit Erdelementen zusammen: Ratte, Büffel, Tiger, Hase, Drache, Schlange, Pferd, Schaf, Affe, Hahn, Hund oder Schwein treffen auf Holz, Feuer, Erde, Metall oder Wasser. Daraus ergeben sich Kombinationen, die nur alle sechzig Jahre wiederkehren. Nun kam das Jahr des Holzpferds. Experten sagten Düsterkeit und Aufruhr voraus: Konflikte, Katastrophen, Feuer. Und Streit.

Natürlich hatte Meilin nicht vergessen, worüber wir in München einmal gesprochen hatten. Dass wir am chinesischen Neujahrsfest skypen könnten, eine Videoverbindung zwischen mir – und einer kompletten chinesischen Familie. Per E-Mail hatten wir zwölf Uhr deutscher Zeit vereinbart, eine Live-Schaltung mitten in die Feierlichkeiten des chinesischen Abends.

Den Morgen des 31. Januar verbrachte ich in der Tierklinik. Unser Kater Puma hatte nichts mehr gefressen, sein Futter nur angefaucht. Sein Zahnfleisch war entzündet, er sollte alle Zähne gezogen bekommen. In einem Käfig hatte ich ihn in die Klinik getragen. Man reichte mir Papiere über die Risiken der Vollnarkose, dazu Fotos von einer Operation: eine Katze auf einem Tisch, Schläuche aus der Nase, Scheinwerfer, grüne Tücher. Ich schaute auf die Uhr: elf Uhr vierzig. Hastig unterschrieb ich. Puma kauerte in seinen Käfig. Er hatte Angst, aber ich musste ihn allein zurücklassen. Ich eilte nach Hause und fuhr den Rechner hoch.

Meilin war schon online. »Schön, du bist da«, schrieb sie. Ich klickte auf »Anrufen«. Sie nahm sofort an.

»Wir haben überall geputzt, seit Tagen«, sagte sie und zeigte um sich. »Mit Bambuszweig, gut gegen böse Geister. Und geschmückt für Glück. Siehst du, alles rot?«

Die Familie saß auf einem Ecksofa, um Meilin herum, in einem kleinen Raum, offenbar das Wohnzimmer. Eine Menschenschar, unruhige Augenpaare, die ich nicht zählen konnte, Oberkörper drängten vor, hin zu dem Notebook, das Meilin aufgestellt hatte, jeder wollte genau sehen. Ich konnte die Freude im Raum fühlen, alle lachten, es war laut.

»Meine Mutti kennst du. Das mein Vater. Das mein Onkel, meine Tante, meine Cousine …« Meilin schrie gegen den Lärm an. Der Reihe nach zeigte sie auf die Personen, die jeweils in die Kamera schauten. Meilins Mutter nickte bei jeder Vorstellung. »Und das Nachbar. Wir wohnen nicht alle in dieser Wohnung, haha.«

Ich winkte. »Deine Familie ist nett.«

»Es gab Feuerwerk. Und wir essen Jiaozi, das wichtig für Glück. Wir machen Fenster auf, damit Glück reinkommt, Glück von neuem Jahr ist draußen.«

Die Mutter hielt mir eine dampfende Teigtasche in die Kamera, das Bild beschlug.

»Mhmmm ...«, sagte ich.

Einer der Onkel prostete mir zu. »Du sollst auch trinken, für Glück mit uns anstoßen«, sagte Meilin.

Ich griff nach der Tasse mit kaltem Tee neben mir. »Prost!«

»Ja, Prost, man sagt in Deutschland, haha, ich erkläre meiner Familie.«

Auf dem Tisch sah ich einen Berg Mandarinen. Meilin beobachtete meinen Blick, sah genau, in welche Ecke des Bildes ich schaute. »Die schenken wir uns, Zeichen für Gold, für Geld für neues Jahr.«

Die Mutter schälte eine Mandarine für mich.

»Jetzt Jahr des Pferdes. Meine Mutti hat nachgeschaut. Du bist im Jahr des Hasen geboren. Meine Mutti kontrolliert noch, wie gut wir zusammen passen. Aber ich glaube, Horoskop ist in diesem Fall nicht so wichtig, haha.«

Eine Dreiviertelstunde stand die Verbindung, wir lachten, tranken und redeten. »Wir feiern noch einige Tage«, hatte Meilin gesagt, bevor der Bildschirm schwarz wurde.

Abgehetzt kehrte ich in die Tierklinik zurück. Die Operation war schon vorbei, Puma ohne mich aufgewacht. Sein Fell war zerzaust und blutig. Er rieb seinen Kopf am Gitter. »Er will sie begrüßen«, sagte die Ärztin. »Er wird sich frisieren, sobald er wieder bei Kräften ist.« Vorsichtig trug ich Puma nach Hause, zusammen mit einer Tüte Schmerzmittel.

Im Februar hatte ich Geburtstag. Wieder pünktlich um Mitternacht kam eine E-Mail: »Wenn wir erstes Mal getroffen haben, du hast gesagt, wann dein Geburtstag ist, deshalb habe ich erinnert. Viel Glück.«

Meilins eigener Geburtstag kam bald darauf, im März. »Nicht vergessen, Noodle zu essen«, schrieb sie auf meine Grüße zurück, »das bedeutet ich und alle meine Freunde, die Noodle essen, werden ein gutes, langes Leben haben.«

Am Abend aßen Tom und ich Nudeln.

Ich ging noch mal ins Internet. Meilin war im Jahr des Affen geboren. Ich las im chinesischen Horoskop, was das hieß: Wer im Jahr des Affen geboren ist, ist klug und erfinderisch. Wer im Jahr des Affen geboren ist, ist ein Organisationstalent, findet für jedes Problem eine Lösung. Wer im Jahr des Affen geboren ist, schiebt nichts auf. Und wer im Jahr des Affen geboren ist, verfolgt seine Ziele hartnäckig.

Fremdes Schicksal

Aus ihrem Rucksack holte Meilin zwei rote Kartons und stellte sie auf meinen Schoß. Sie sahen wertvoll aus, als enthielten sie teure Colliers oder Halstücher.

»Aufmachen«, sagte Meilin.

Ich sah die Kartons widerwillig an. Bereits im Mai hatte Meilin mir geschrieben: »Ich habe Geschenk für dich.« Wie schon vorher hatte sie genau zwei Monate gewartet, als folgte sie einem Plan, der vorsah, alle zwei Monate nach dem Stand zu fragen und ihn voranzutreiben. Den Sommer wollte sie in Deutschland verbringen, ob wir uns sehen könnten? Wir trafen uns im Juli. Da kannten wir uns fast ein Jahr, doch es war erst unser fünftes Treffen, selbst wenn man die Übergabe der Plastikschüsseln mitzählte.

Meilin sah anders aus. Ihre Haare waren an den Seiten rasiert, oben länger, ein Undercut, wie ihn in Deutschland jetzt viele trugen, meist Männer. Meilin wirkte damit plötzlich weiblich. Hinten hatte sie ihre Haare zusammengebunden. Stolz zog sie das Zöpfchen in die

Höhe, verdrehte die Augen nach schräg oben, als blickte sie durch ihren Kopf darauf: »Jetzt modern in China.« Sie wirkte fröhlich, hatte Freunde getroffen, reiste umher. Statt Wasser, wie bisher, bestellte sie Radler, zum späten Frühstück im Café.

Ich öffnete einen Karton, legte weißes Seidenpapier beiseite und fühlte weichen Stoff, wie Samt. Heraus zog ich einen schwarzen Hausanzug aus Kunstfaser. Im zweiten Karton der gleiche Inhalt, gleiche Größe, gleiche Farbe. Außerdem gab Meilin mir zwei weitere rote Unterhosen.

»Geschenke von meiner Mutti, viele Grüße.«

»Deine Mutter soll mir nichts schenken. Schon gar nicht alles zweimal. Ich habe auch genug zum Anziehen, bitte sag ...«

»Kein Problem«, sagte Meilin. »Meine Mutter sehr glücklich.« Jahrelang habe die Mutter unter Krankheiten gelitten, berichtete Meilin. Verschiedene Beschwerden, Schmerzen, durchwachte Nächte, kreisende Gedanken. Ärzte, Medikamente, Akupunktur. Geholfen hatte nichts. »Alles verschwunden, seit sie dich kennt. Jetzt gesund. Sie fragt nach dir jeden Tag. Valentin muss mehr essen, sagt sie.« Dabei hob Meilin den Zeigefinger, wie es eine deutsche Mutter bei diesen Worten tun würde.

Zum Glück spricht niemand mehr von Hochzeit, dachte ich.

Sagen hörte ich mich: »Fragt deine Mutter nach der Hochzeit?«

Ich konnte es kaum fassen! Nun war ich derjenige, der das H-Wort wieder aufnahm. Es saß in meinem Kopf und sicher auch in ihrem, aber Meilin hatte es seit Monaten nicht mehr ausgesprochen. Das hatte mich stutzig gemacht.

»Ich habe ihr gesagt, dass wir offiziell schon geheiratet, auf Standesamt in Deutschland. Fehlt nur Feier in China nachholen. Haha.«

Ungläubig sah ich sie an. Sie hatte mich geheiratet, ohne mich zu fragen, nicht durch zwei Jaworte, sondern in einem Akt einseitiger Besitzergreifung. Für ihre Mutter waren wir längst Eheleute, ohne dass ich es auch nur wusste. Im Jahr des Affen geboren, dachte ich, aber in Wahrheit bist du eine Schlange.

Äußerlich blieb ich ruhig. »Chinesische Familien sparen ihr Leben lang für die Hochzeitsfeier ihres Kindes, habe ich gelesen.«

»Ja, kostet schon ein bisschen.«

Ich strich über den Hausanzug, faltete ihn und legte ihn zurück in den Karton. »Wer zahlt denn eine Hochzeit in China?«

»Ich hab meinen Eltern gesagt, deine Eltern leben beide nicht mehr. Deshalb du kannst nicht Geld geben. Normalerweise zahlt Familie des Bräutigams.«

Ich stapelte die Kartons auf dem Tisch übereinander und rückte sie sorgfältig gerade, so dass die Kanten perfekt miteinander abschlossen. Ich sah Meilin nicht an.

»So haben wir auch anderes Problem gelöst. Meine Eltern wollen deine nicht kennenlernen. Alles kein Problem. Hahaha.«

Es war unheimlich. Meilin spann die Geschichte einfach weiter, ohne mich zu fragen. Sie wollte nicht nur ihr Schicksal ändern, sie wollte Schicksal *sein*. Und dabei über fremde Leben bestimmen.

An diesem Vormittag, an dem Meilin Radler trank und ich schwarzen Kaffee, eroberte ich mir die Freiheit zurück, über meine Lebensgeschichte zu verfügen. Ich ließ Meilin mit den Tatsachen, die sie alleine geschaffen hatte, alleine. Ich reagierte auf nichts, was sie mir über die Hochzeit sagte.

Wir machten ein Foto und gingen auseinander.

Einen Hausanzug und eine rote Unterhose schenkte ich Tom. Die Unterhose lehnte er ab. In den Hausanzügen saßen wir eines kalten Sommerabends nebeneinander auf dem Sofa. Wir lachten, denn kleidsam war die schwarze Kunstfaser nicht. Der Stoff roch nach China, obwohl ich ihn mit deutschem Weichspüler gewaschen hatte.

»Willst du Meilin mal kennenlernen?« Ich wunderte mich, dass ich die Frage erst jetzt stellte, als wir beide das Geschenk ihrer Mutter trugen. Viele Gelegenheiten hatte es auch nicht gegeben; Meilin war kurz nach unserer Begegnung vor einem Jahr abgereist. »Sie ist ja ganz unterhaltsam, unabhängig davon, was weiterhin passiert. Und ob überhaupt noch etwas passiert.«

Ich hatte nachgedacht. Natürlich war es nicht die feine Art von ihr gewesen, mich in die Situation des Schwiegersohns zu bringen, ohne mich zu fragen. Aber sie wusste, sie musste wissen, dass trotzdem noch alles von mir abhing, dass meine Reaktion auch darin bestehen konnte, einfach zu gehen, aus dem Café, aus ihrem Leben, aus unserer gemeinsamen Geschichte, die im wahrsten Sinne des Wortes eine Geschichte war. Meilin hatte sich zu helfen gewusst. Indem sie unsere Heirat vor dem deutschen Standesamt erfunden hatte, hatte sie sich noch einmal eine Zeitlang Ruhe vor ihren Eltern verschafft. In meinen Ärger mischte sich Bewunderung.

Einige Tage später standen wir abends vor einer Bar, Meilin, Tom und ich, mit Bierflaschen in der Hand. Es war wieder heiß geworden, die Menschen drängten sich auf dem Gehweg. Aus der Ferne kam der Klang eines Freiluftkinos.

Tom würde mir hinterher berichten, wie angetan er von Meilin war, von ihren Deutschkenntnissen, ihrer Lebendigkeit, ihrem Witz und ihrer Klugheit.

»Vielen Dank, dass ich deinen Freund leihen darf«, hatte Meilin ihn begrüßt. Ohne »hahaha«, das meinte sie ernst, das Leihen wie den Dank. Genauso ernst fügte sie hinzu: »Ich werde ihn zurückgeben, ohne Schaden.«

Tom wollte einiges wissen. Als Journalist befragte er sie strukturierter, als ich es bisher getan hatte. »In Deutschland bist du frei, du könntest hier mit deiner Freundin leben«, sagte er.

Meilin schüttelte den Kopf. »Meine Eltern brauchen mich. Sonst müssen sie in Älterhaus.«

So sagte sie es: »Älterhaus«. Es könnte auch »Elterhaus« geheißen haben, zwei Worte, die gleich klingen, keines von beiden ein deutsches Wort, und doch beide sofort verständlich, beide bedeuten dasselbe: Man überlässt seine Eltern nicht dem Älterhaus, nicht in China, nicht als einziges Kind. Tom und ich blickten uns an; wir gaben diesem Blick die Zärtlichkeit, die im Inhalt von Meilins Aussage lag, aber nicht in ihrer Stimme, so pragmatisch hatte sie es gesagt, wie eine Stegreifweisheit am Stammtisch.

Meilin erzählte von China, ihrer Provinz, der Umgebung, den Landschaften und Städten. Konfuzius war in der Nähe geboren, zumindest der Legende nach. Peking könnte man bereisen und Shanghai, beides nicht weit von ihrem Heimatort. Qingdao, die Stadt des Bieres.

»Du darfst auch kommen«, sagte sie zu Tom.

Hektik, Panik, Nacht

Im Herbst, wieder genau zwei Monate nach unserem letzten Kontakt, hatte Meilin eine Nachricht auf Skype geschickt: »Hi, Valentin.« Die Nachricht enthielt keine Frage, und ich schickte keine Antwort.

Im Winter schrieb sie: »Ich habe mit chinesischem Reisebüro in Deutschland Verbindung. Sie können billiger Flüge haben und man darf zweimal 23 Kilo Gepäck mitnehmen, Telefon des Reisebüros (Frau Qu): ...« Ich hatte nicht angerufen.

Tom und ich waren mit anderen Dingen beschäftigt. Wir waren nach Berlin umgezogen, wo Tom eine neue Arbeit anfing.

Im Frühjahr schrieb Meilin: »Ich möchte nur dir sagen, wenn dir Finanzierungsaspekt fehlt, keine Sorgen, jetzt kann ich dir 500 Euro schenken.« Auf dem Aushang, mit dem alles begann, hatte ja gestanden, Meilin würde die Reise bezahlen. Davon war später nicht mehr die Rede gewesen. Es wäre mir auch komisch vorgekommen, mir von einer Chinesin in Not eine Art Urlaubsreise für meinen Freund und mich finanzieren zu lassen, wie sie nun im Raum stand. Ich konnte, wollte ihr Geld nicht nehmen. Das hatte nicht einmal nur moralische Gründe. Wäre Meilin aus einer reichen Familie gekommen und hätte mir fünf Millionen geboten, hätte ich ja gesagt. Fünf Millionen hätten mein Leben verändert. Aber fünfhundert Euro würden mein Leben nicht verändern, ob ich nach China reiste oder nicht. Für Meilin hingegen mussten fünfhundert Euro viel Geld sein.

Meilin schlug ein Telefonat vor. Eines Abends - bei ihr musste es früher Morgen sein - sahen wir uns auf dem Bildschirm. Es war inzwischen wieder Juli. Wir kannten uns seit zwei Jahren, auch wenn wir uns immer noch fremd waren. Meine Freunde und meine Familie hatten schon lange nicht mehr nach der Geschichte gefragt. Sie hielten sie für erledigt.

Ich führte Meilin mit der Kamera durch unsere neue Wohnung, ein Blick auf die Straße, nach links, nach rechts, Berlin, Deutschland, für Meilin die Freiheit.

Meilin beschrieb noch einmal, was ihre Heimat alles zu bieten hatte. »Qingdao, schöne Seestadt, Taishan, heiliger Berg. In Südchina gibt es auch viele Sehenswürdigkeiten, wie in Guangxi oder Yunnan Provinz. Viel, viel. Insgesamt wie viele Tage kannst in China bleiben?«

»Was brauchst du, wie viele Tage? Was werden wir machen?«

»Zeremonie brauchen wir. Aber keine Angst, eigentlich nur ein Fest mit schöner Kleidung, mit Verwandten essen. Du brauchst nur wie letztes Mal zu machen, lächeln und essen.«

Ich hatte den Eindruck, Meilin wollte schon wieder vollendete Tatsachen schaffen. Sicherheitshalber sagte ich: »Wenn überhaupt, ginge es bei mir in der zweiten Oktoberhälfte. Frühestens. Ich kann es jetzt noch nicht sagen.«

Meilin nickte, stumm.

In dieser Nacht war Meilin anders, als ich sie jemals erlebt hatte. Sie hatte alles verloren: ihre Leichtigkeit und ihr Haha, ihre Klugheit und ihre Selbstsicherheit, ihre Männlichkeit und ihre Weiblichkeit.

All das war mit einem Mal weg. In ihren Augen stand nur Panik.

In dieser Nacht beschloss ich, Meilin zu heiraten.

Mastdarm und Ferse

An einem grauen Sommernachmittag suchte ich eine Adresse am anderen Ende Berlins. Ein großes, futuristisches Gebäude, ich klingelte bei »Fänger«, eine Kamera zoomte auf mich, dann öffnete sich die schwere Haustür.

»Es ist prawohl«, hatte Meilin geschrieben. Noch so eine wunderbare Worterfindung, die nicht deutsch war, die aber jeder verstand, bravo, jawohl, Zustimmung. Erleichterung. Ein Wort, das jedes Smiley überflüssig machte. Sie hatte es geschafft! Sie hatte einen Mann für ihre Eltern gefunden. Wenn nichts mehr schiefgehen würde.

Meilin hatte recherchiert: »Nach vielen Nachfragen und im Internet gesucht habe ich einen Plan.« Wir könnten nach Peking fliegen, ein paar Tage bleiben (»Ich empfehle dir einige sehenswerte Sehenswürdigkeiten.«). Dann mit dem Zug zu ihr, Ausflüge in die Umgebung (»Ich zeige dir natürlich die Attraktionen in meiner Provinz, was liebst du?«), nach Qingdao, wo das Tsingtao-Bier gebraut wird, einen hohen heiligen Berg besteigen, weiter nach Shanghai (»Gut für Handlung und Einkaufen, aber nicht für Naturlandschaft.«). Von dort zurück nach Berlin.

»Tom kannst du als Bruder mitbringen, ich habe meinen Eltern gesagt. Für uns ihr seht sehr gleich aus. Dann hast du auch einen Gast bei deiner Hochzeit.« Für uns beide, für meinen »Bruder« und mich, gab es in Meilins Wohnung nicht genug Platz. So konnte sie ihren Eltern erklären, dass Tom und ich in einem Hotel um die Ecke schlafen würden. Als Brüder konnten wir ein Zimmer teilen, sogar ein Bett. Meilin hatte jedes Problem bedacht und gelöst.

Doch Tom war zurückhaltend. Er hatte China bereits früher bereist. Zudem konnte er bei seiner neuen Arbeitsstelle noch keinen längeren Urlaub nehmen. Ich hatte den Eindruck, er unterstützte, dass ich Meilin half – aber er hatte kein Bedürfnis, dabei zu sein, wenn sein Partner einen anderen Menschen heiratete, auch wenn das Heiraten in Anführungszeichen stand: das Glück zu bewundern, zu feiern, dem Paar zu gratulieren und sich zu verleugnen. Das konnte ich verstehen.

Auch für mich wurde die Hochzeit jetzt, da sie wirklich werden sollte, zunehmend unwirklich. Konnte das alles sein? Eine große, teure Hochzeitsfeier, viele Leute lernen den Ehemann der Tochter kennen – einen Ehemann, den außer der Mutter niemand vorher getroffen hat, der zum ersten Mal in das Heimatland seiner Frau kommt, den die meisten Gäste nie wieder sehen werden, weil er nach Deutschland zurückkehrt, wo er lebt, arbeitet, sein eigenes Leben führt? Der Ehemann schwebt aus dem Nichts ein, löst das Problem und verschwindet ins Nichts? Ohne körperliche Zuneigung, ohne einen Kuss, ohne Hochzeitsnacht? Die Ehefrau schläft mit ihren Eltern in der Wohnung, der Mann mit seinem Bruder im Hotel um die Ecke?

Am Anfang hatte ich mich gefragt, wie viel Zärtlichkeit wir würden vortäuschen müssen. Aber schnell hatte ich festgestellt: keine. Wir hatten der Mutter unsere Beziehung vorgespielt, ohne uns zu umarmen, ohne uns auch nur einmal verliebt anzuschauen. Selbst bei den Miet-Freunden aus dem Internet waren Zärtlichkeiten ja Zusatzleistungen mit eigenen Preisen, sie gehörten in China offenbar nicht zum Standardprogramm des Beziehungslebens vor den Eltern. Das war leicht zu spielen. Aber war es plausibel? Konnte jemand diese Ehe ernstnehmen, die zwar gefeiert, aber nicht gelebt wurde?

Es ging nicht nur darum, ob unsere Geschichte für die Gäste überzeugend war. Es ging auch darum, ob Meilins Geschichte mir gegenüber glaubhaft war. Wollte sie wirklich eine Hochzeit für die Familie inszenieren - oder steckte doch mehr dahinter, sollte ich doch hereingelegt werden? Jetzt, wo es ernst wurde, lebten alte Ängste auf.

Ein Aufzug brachte mich direkt in eine Wohnung. Herr Fänger führte mich herum, eine Art Loft, unübersichtlich, mit Ecken und Nischen, mit vielen Türen, von denen Herr Fänger nur ausgewählte öffnete. Andere blieben mir verschlossen. Überall Mitbringsel, Teile aus einer fremden Welt, einem vergangenen Leben: Kunst, ein chinesischer Tisch, exotische Alkoholika.

Herr Fänger war ein ehemaliger Kollege. Wir duzten uns eigentlich, sprachen uns aber mit »Herr Nachnamen« an. Herr Fänger hatte einige Jahre beruflich in China verbracht, an unterschiedlichen Orten, er kannte das Land und die Leute. Inzwischen wohnte er in Berlin. Ich wollte seinen Rat hören.

Vor einem Sessel standen zwei Holzschuhe. Große Holzschuhe, aus denen spitze Steine und Holzstäbchen ragten. Es waren Akupressurschuhe. Die chinesische Medizin geht davon aus, dass jeder Bereich der Fußsohle zu einem Organ gehört: die Ferse zum Mastdarm, der Ballen zum Herzen, der Mittelfuß zur Leber, der kleine Zeh zu den Augen. Wer in diesen Schuhen läuft, massiert seine Organe.

»Wenn du es zehn Schritte damit schaffst, bist du würdig, mehr über die Chinesen zu erfahren«, sagte Herr Fänger.

Ich schlüpfte hinein, setzte einen Fuß nach vorn. Die Hölzer und Steinchen bohrten sich in meine Fußsohlen.

Ich versuchte, den starken Schmerz nicht als Schmerz wahrzunehmen, sondern als das Gute, das er meinen Organen tat, der Leber, den Nieren, dem Magen. Dem Gehirn. Ich lief auf die offene Küche zu, hinter den frei stehenden Herd, richtete meinen Oberkörper auf, der sich gekrümmt hatte, ging über Parkett zurück auf den chinesischen Teppich. Es waren mindestens dreizehn Schritte.

»Setz dich, Herr Wolker«, sagte Herr Fänger. »Genau so machen es die Chinesen.« Er reichte mir ein Glas mit einer kalten Flüssigkeit, Eiswürfeln, Grünzeug. »Sie sehen, was sie sehen wollen. Was sie stört, was sie sich nicht zusammenreimen können, blenden sie aus. Sie fragen nicht.«

»Aber *ich* bin Deutscher, ich *stelle* Fragen. *Mich* beschäftigen Dinge, die ich mir nicht zusammenreimen kann. Und ich frage mich: Kann das alles stimmen? Was, wenn es doch eine Falle ist? Wenn ich aus dem Land nicht mehr rauskomme?«

»Ob es eine Falle ist, kann ich dir nicht sagen. Ich kenne deine Chinesin nicht.«

Mit zusammengekniffenen Augen tastete ich Herrn Fängers Gesicht ab, seine übergrüne Iris, links, rechts, den Schatten der Nasenwurzel, seine schmale Oberlippe, als könnte ich darin finden, was er mir wirklich sagen wollte.

»Sie ist eine Lügnerin«, sagte Herr Fänger. »So oder so. Das darfst du nicht vergessen.«

Schweigen. Erst als Herr Fänger aus seinem Glas trank, langsam und beherrscht, trank ich auch.

»Aber die Sache klingt auch nicht unplausibel«, sagte er dann. »Nicht aus chinesischer Sicht. Die Chinesen sind pragmatisch. Zur Hochzeit eingeladen sein, den Ehemann einmal sehen und dann nie wieder. Das klingt sogar typisch chinesisch.«

»Und wenn es auffliegt? Wenn jemand nachforscht? Wenn ...«

»Wer hätte ein Interesse daran, dass es aufliegt?«

Ich überlegte. Ja, wer hätte ein Interesse daran, die Sache platzen zu lassen?

»Am wenigsten die Eltern«, sagte Herr Fänger. »Sie wollen ihr Gesicht wahren. Selbst wenn sie es vermuten, selbst wenn sie es *wüssten* – sie würden es niemals aussprechen.«

Erst jetzt zog ich meine Füße aus den Akkupressurschuhen. Was Herr Fänger sagte, passte zum bisherigen Verhalten der Mutter. Einen Beweis sehen, akzeptieren. Und keine Fragen stellen.

»Du warst ...«

»Ich war auf vielen Hochzeiten. Die Feier ist ähnlich wie in Deutschland. Man trifft sich in einem Restaurant, Essen ist von großer Bedeutung. Der Vater wird vielleicht eine Rede halten. Spiele, Fotos aus der Kindheit, so etwas gibt es nicht. Auch keine Band und keinen DJ. Man tanzt nicht bis in die Nacht. Die Hochzeit kann nach zwei Stunden vorbei sein.«

»Zwei Stunden? Dafür der ganze Aufwand?«

»Die Hochzeit wird monatelang vorbereitet und kostet ein Vermögen. Aber sie kann nach zwei Stunden vorbei sein. So pragmatisch sind die Chinesen.«

»Meilin sagt, ich müsste ein paar Tage einplanen.«

»Für die Verwandtenbesuche danach und die Vorbereitungen davor. Am Tag vorher werden Fotos gemacht, das ist ganz wichtig. Ein dickes, buntes, kitschiges Fotoalbum.«

In meinem Kopf tauchte Lining auf dem Skype-Bildschirm auf: »Du musst davon ausgehen, dass ein Hochzeitsalbum in China eine rechtliche Bedeutung hat.«

Herr Fänger las meine Gedanken. »Du bist der Mann. Der Mann hat in der chinesischen Ehe eine machtvolle Stellung. Alles dreht sich um ihn. Sorgen würde ich mir um dich machen, wenn du als Frau in China heiraten würdest.«

»Eben, der Mann zahlt alles! Was, wenn mir der Wirt hinterher die Rechnung in die Hand drückt. Wenn er mich in seinem Keller festhält, bis ich ein paar tausend Euro für die Feier aufgetrieben habe?«

Herr Fänger lächelte. »Eine chinesische Familie würde

ihre Ehre verlieren, wenn sie es vor Gästen zu Streit um Geld kommen ließe. Wenn Meilins Familie glaubt, dass deine Eltern tot sind, wird sie von dir kein Geld fordern. Du kannst ihnen aber einen Beitrag anbieten, in China zählt die Geste. Das ist gut für die Stimmung, immer lächeln, immer gute Stimmung verbreiten. Annehmen werden sie es nicht.«

»Das klingt aufregend«, sagte ein gemeinsamer Freund von Tom und mir. Er hatte von der Reise gehört. »Wenn Tom nicht will, komme *ich* als dein Bruder mit.«

Da wurde Tom doppelt eifersüchtig. Eine falsche Ehefrau und ein falscher Bruder, mit dem ich das Bett teilen würde – genug für Tom, um zu beschließen, dass *er* mich begleiten würde. Er würde etwas später dazustoßen, kurz vor der Hochzeit.

Strenge Wächter

Der Übergang zur fremden Welt war bewacht. Tom und ich brauchten ein Visum. Ein Visum für China zu bekommen, ist leicht oder schwer, je nachdem, zu welchem Zweck man einreisen will und welchen Beruf man ausübt. Unproblematisch ist zum Beispiel: als Krankenschwester in China Urlaub machen. Sehr problematisch ist zum Beispiel: für eine gefälschte Hochzeit einreisen, besonders wenn man der Ehemann ist, noch mehr, wenn man als Autor oder Journalist arbeitet. Sagt man die Wahrheit, kann man sich den Antrag sparen.

Eine Chance auf das Visum setzte voraus, dass wir logen. Die Frage war nur: Wo konnten wir täuschen und wo nicht?

Im Internet schaute ich das Antragsformular an. Als »jetzige berufliche Tätigkeit« konnten wir aus achtzehn Optionen in zwei Spalten wählen. Links die unverfänglichen: Angestellter, Student, Rentner. Rechts die verfänglichen: amtierender oder ehemaliger Parlamentarier, amtierender oder ehemaliger Regierungsangestellter, aktive

Militärperson (»Bitte Dienstgrad angeben.«), Mitglied einer Nichtregierungsorganisation, Geistlicher oder Mitarbeiter einer religiösen Organisation – und eben Journalist/Mitarbeiter im Medienbereich.

Tom Journalist, ich Buchautor. Dass ich Bücher schrieb, konnte ich nicht verheimlichen. Unter meinem Namen konnte man meine Bücher finden; einige davon waren ins Chinesische übersetzt. Bei Tom war es ähnlich: Sein Name führte zu seinen Artikeln. Unsere Namen konnten wir nicht ändern, sie standen in unseren Pässen. Ich kreuzte »selbständig« an, was der Wahrheit entsprach. Tom beschränkte die Information über sein Berufsleben auf »Angestellter«, auch das keine Lüge.

Nächste Schwierigkeit: Zweck der Reise. Heirat war nicht unter den Optionen, schon gar keine gespielte. Es gab: Offizieller Besuch, Tourismus, Geschäftsreise, journalistische Tätigkeit. Wir strichen »Tourismus« an. Familienangehörige waren in einer Tabelle aufzulisten, mit Staatsangehörigkeit und Beruf. Alles wollten sie überprüfen.

Dann der Reiseverlauf: Die Botschaft wollte für jeden Tag wissen, wo wir sein würden, wo übernachten, mit genauer Adresse, mit Flugtickets und Buchungsbestätigungen der Hotels.

Ich rief bei der Botschaft an. »Ich muss also zuerst die Flüge und Übernachtungen buchen und bezahlen –

und dann erfahre ich, irgendwann, ob ich ein Visum bekomme?«

»So ist es, das ist richtig.«

»Und wenn ich das Visum nicht bekomme?«

»Welche Gründe veranlassen Sie zu der Annahme, dass Sie das Visum nicht bekommen könnten?«

»Äh ... Das war nur eine Frage.« Zum Glück hatte ich meinen Namen nicht genannt.

Statt Hotelbuchungen konnte man die Einladung eines chinesischen Staatsbürgers vorlegen. Meilin bot an, mir ein solches Einladungsschreiben zu schicken. Doch von Herrn Fänger kam eine Warnung: »Dann weiß die Regierung, dass sie Kontakt mit Ausländern hat. Sie werden sie durchleuchten, etwas über die Hochzeit herausfinden. Vielleicht bekommst du Probleme. *Sie* wird auf jeden Fall noch weniger frei sein.«

Also kauften wir die Flüge, buchten Hotels und Zugtickets. Am Ende des Formulars unterschrieb jeder von uns: »Hiermit erkläre ich, dass ich für sämtliche rechtliche Konsequenzen im Zusammenhang mit wahrheitsgemäßen Angaben und der Echtheit der eingereichten Unterlagen verantwortlich bin.«

»Wir kommen am 8. 11. um 14.24 Uhr bei dir am Bahnhof an«, schrieb ich Meilin. Den Hochzeitstermin hatten wir auf einen Dienstag im November gelegt.

»Sie haben alles«, sagte die Ärztin im Gesundheitsamt, die meinen Impfpass prüfte. »Auffrischen müsste man nur Typhus, aber das brauchen Sie für China nicht. Wenn Sie nicht gerade an einer Hochzeit teilnehmen …« Lachend reichte sie mir die Hand zum Abschied.

»Ich *nehme* an einer chinesischen Hochzeit teil.«

»Oh.« Die Ärztin setzte sich wieder. »Solche Leute haben wir selten hier. Wenn Sie so engen Kontakt zu Einheimischen haben, bei einheimischen Feiern von einheimischen Büfetts essen, dann muss ich Sie gegen Typhus impfen.«

Nun setzte ich mich wieder, doch die Ärztin stand auf. »Das Problem ist nur: Der Impfstoff ist seit Monaten in ganz Berlin aufgebraucht, es gibt keinen Nachschub. Sie brauchen diese Impfung, aber ich kann nichts für Sie tun. Wir können nur warten.«

Die gleiche Auskunft bekam Tom.

Tage später betrat ich einen sterilen Raum in Berlin Mitte. Strenges Begrüßungspersonal fragte nach meinem Anliegen; emotionslose Chinesinnen und Chinesen saßen hinter Panzerglas. Meine Nummer wurde aufgerufen, mit resolutem Schritt ging ich zu Schalter 4 des China Visa Application Center. Eine Chinesin nahm meinen Antrag entgegen, murmelte und notierte, während sie las.

»Welcher Art selbständiger Arbeit gehen Sie nach?«

Jetzt gab es kein Ausweichen mehr. »Ich schreibe Bücher.«

Unter dem Panzerglas schob sie ein Blatt Papier und einen Stift hindurch. »Notieren Sie die Titel aller ihrer Bücher.«

Ich schrieb eine Liste, Zeile um Zeile, dachte nun nicht mehr darüber nach, ob das richtig oder falsch war, geschickt oder ungeschickt. Ich sah keine Alternative. Sie konnten alles überprüfen.

Sie überflog die Liste. »Sind Sie Mitglied bei P. E. N.?« Ihre Stimme bekam plötzlich eine Emotion: Ernst.

P. E. N., die bekannte Autorenorganisation, weltweit aktiv, gegründet vor fast hundert Jahren, kurz nach dem Ersten Weltkrieg. P. E. N. ist kein normaler Berufsverband. Es ist eine Menschenrechtsorganisation; sie kämpft für die Freiheit der Meinungsäußerung, gegen Verfolgung und Zensur. Sie macht öffentlich, wenn autoritäre Regimes Schriftsteller grundlos in Gefängnisse stecken. Der Dichter Liu Xiaobo, Gründungsmitglied und ehemaliger Präsident des chinesischen P. E. N., hatte 2010 den Friedensnobelpreis bekommen. In China war er zu elf Jahren Haft verurteilt worden, wegen sieben Sätzen, die angeblich gegen die Staatsmacht aufhetzten. Seine Frau wurde zu Hause gefangen gehalten, in einer Art Hausarrest. Mindestens drei weitere Mitglieder saßen im Kerker. Vor kurzem hatte P. E. N. einen Report über Unterdrückung in China veröffentlicht. Gerade diskutierte man, eine Resolution an die chinesische Regierung zu richten.

Hinter dem Panzerglas hatte die Chinesin ihren Stift weggelegt, ebenso das Smartphone, auf dem sie nebenbei Nachrichten geschrieben hatte. Sie hatte aufgehört, sich mit ihrer Kollegin zu unterhalten. Sie sah mich an.

Ich sagte: »Nein.«

Die Frau wischte über das Display ihres Handys, Bewegung kehrte in ihren Körper zurück. Erneut schob sie mir Papier und Stift herüber. »Schreiben Sie hier eigenhändig auf, dass Sie nur als Tourist nach China reisen und keinesfalls, um dort einer publizistischen Tätigkeit nachzugehen. Keinesfalls.«

Ich kritzelte, so unleserlich wie möglich: »Ich werde nur als Tourist nach China reisen und Sehenswürdigkeiten anschauen.«

Sie schüttelte den Kopf. »Ergänzen Sie: Ich versichere, dass ich nicht nach China reise, um dort zu schreiben oder darüber zu schreiben.«

Ich schrieb, was sie diktiert hatte.

»Wir melden uns, es dauert vier Tage.«

Bei Tom war der Termin ähnlich verlaufen. Natürlich wurde er gefragt, für welches Unternehmen er als »Angestellter« arbeitete. Nun wurden sie erst recht misstrauisch. Seine Redaktion musste schriftlich bestätigen, dass seine Reise privat war, dass er nichts über sie berichten würde.

»Wir melden uns, es dauert vier Tage.«

Vier Tage vergingen, acht Tage vergingen, zehn Tage vergingen. Wir hörten nichts. Beide hatten wir unseren Reisepass im Visa Center lassen müssen, und Tom brauchte seinen für eine andere Reise dringend zurück. Er rief im Center an, einmal, zweimal, wurde vertröstet. »Wenn Sie Ihren Pass vorher brauchen, können Sie das Verfahren abbrechen.« Die Gebühr von 95 Euro würde so oder so anfallen.

Meilin wurde besorgter, »weil man das Restaurant ungefähr ein Monat früh buchen muss und die Einladungskarten schreiben und schicken. Wenn du das Visum bekommst, bitte sagen mir gleich, damit ich die Vorbereitung beginnen kann.« Schon jetzt fragte Meilin nach drei Angaben: Größe, Schuhgröße, Passnummer. »Wünsche euch alles flüssig«, schrieb sie.

Ich telefonierte Apotheken ab und trieb einen Rest von Typhusimpfstoff auf, für Tom und mich. »Typhus ist als Krankheit kein Problem, wenn man Geld hat«, sagte die Apothekerin. Dann: »Ich kann nicht glauben, dass ich das gerade gesagt habe.«

Irgendwann ein Anruf, zumindest auf *meinem* Handy: »Ihr Visum ist da. Sie können es in zwei Tagen abholen.« Es war drei Wochen vor meiner Abreise.

Schnell schrieb ich Meilin. »Bravo! Ich freue mich sehr und gratuliere euch!«, antwortete sie Minuten später. »Ich kaufe dir nun Anzug und Schuhe. Und morgen buche ich Restaurant, vielleicht kaufe ich auch Einladungskarten. Ob dein Geld genug ist, soll ich dich jetzt unterstützen? Ich bin so froh, warte auf ihr Einkommen.«

Bei Tom hatte sich noch niemand von der Botschaft gemeldet.

Niemandsland

Um zwei Uhr nachts lag ich auf dem Boden und wartete. Ich fühlte mich allein. Mein Flug nach Frankfurt war verspätet gewesen, mir blieben zehn Minuten, um den Anschluss nach Peking zu erreichen. Ich rannte vom einen Ende des Flughafens zum anderen, durchquerte das riesige Gelände in neun Minuten. Als ich am Gate ankam, schlossen die Türen. Das Flugzeug hob vor meinen Augen ab. Ich bekam einen neuen Reiseplan, sollte nach Istanbul und von dort nach Peking. Pünktlich erreichten wir Istanbul, doch das Flugzeug konnte nicht landen, nichts war frei, es kreiste eine dreiviertel Stunde in der Luft. Wieder war es knapp, wieder rannte ich, diesmal durch einen unbekannten Flughafen, suchte, rannte, fragte, gestikulierte, kam endlich ans Gate. Die Maschine nach Peking war weg.

Zweimal hintereinander hatte ich den Flug verpasst. Was für ein Start! Es war elf Uhr abends, am Flughafen von Istanbul. Ich irrte von Schalter zu Schalter, doch niemand verstand mich, niemand schaute meine Bordkarte an. Im Gewirr hörte ich eine Frau deutsch sprechen und schöpfte Hoffnung. Die Frau erkundigte sich für mich, doch bestätigte dann: »Von Lufthansa ist niemand hier. Der Schalter öffnet um vier Uhr dreißig am Morgen. Er ist den Gang runter rechts.« In den Lärm hinein schrie ich deutsche Flüche.

Vor dem Schalter knallte ich meinen Rucksack auf die Erde, bettete meinen Kopf darauf und streckte die Beine aus. Von unten kroch Kälte in meinen Körper. Meine Gedanken mischten sich mit dem Neonlicht zu einem surrenden gelben Brei zwischen mir und der Decke. So viele Menschen um mich herum, und doch war ich allein. Vielleicht war das Meilins Lebensgefühl: Unter Menschenmengen in China zu leben, mitten in ihrer Familie – und doch ganz allein. Weil niemand ihr Leben verstand.

»Es ist schade, wenn Tom nicht kommen könnte, aber bitte du musst unbedingt kommen, du bist der wichtigste Figur. Sonst ich würde groß Problem bekommen.«

»Mach dir keine Sorgen. Ich komme.«

Das war der letzte Dialog zwischen Meilin und mir, bevor ich in Berlin ins Flugzeug stieg. Auf ihr erneutes Angebot, mir Geld zu zahlen, hatte ich nicht reagiert. Stattdessen erinnerte ich mich an Herrn Fängers Rat: Biete du ihnen etwas an, gut für die Stimmung. »Was kann ich für deine Eltern mitbringen«, hatte ich geschrieben, »ein

Geschenk?« Darauf war Meilin nicht eingegangen. Ich trug eines meiner Bücher im Koffer, das ins Chinesische übersetzt worden war. Ein kleines, leichtes, aber persönliches Geschenk.

Nun war ich in einer Welt zwischen Welten gestrandet, in einem unwirklichen Niemandsland, auf einem harten, kalten Fußboden. Worauf hatte ich mich eingelassen? Bis jetzt wusste ich nichts Genaues über die Hochzeitsfeier. Gern hätte ich das Schauspiel zumindest in der Phantasie geprobt, bevor wir es aufführten. So viel hing davon ab, dass wir gut spielten, doch die erste Probe würde die einzige Aufführung sein. Die einzige Chance. Meine Versuche, mehr über den Ablauf zu erfahren, waren gescheitert. Meilin wusste es offenbar selbst nicht, nicht einmal die Gästeliste kannte sie: »Wie viele Leute, ich weiß nicht«, hatte sie geschrieben.

Einen falschen Ehemann zu finden, diesen absurd scheinenden Plan hatte sie sich ausgedacht und gegen alle Hindernisse umgesetzt. Nun schien sie mit der Planung ihrer Hochzeit nichts zu tun zu haben. »Für Mutti sehr wichtig, daher ihre Wünsche entscheiden.« Nur so viel hatte Meilin angekündigt: »Wir gehen zu jedem Tisch, sagen Prost, hahaha.«

Punkt vier Uhr dreißig ging hinter dem Schalter ein flackerndes Licht an. Ich zeigte der Dame meine Dokumente, stumm zeichnete sie meinen bisherigen Weg nach. Dann sah sie mich an, lachte, wir lachten beide, laut und lang. Ich flog zurück nach Frankfurt und endlich weiter nach China.

Mit zwei Tagen Verspätung kam ich in Peking an. Ich zog meinen Koffer durch den Zoll, bestätigte auch mündlich noch einmal, dass ich die Grenze nur als Tourist überschritt, zählte Sehenswürdigkeiten auf. Dann ging ich auf die undurchsichtig graue Tür zu, auf der ein gelbes Schild ankündigte:

»No way back.«

Die Tür öffnete sich, und ich trat hindurch.

Ab jetzt sah ich keine Schilder mehr in einer Sprache, die ich lesen konnte. Menschen trugen Essen durch die Gegend, wie ich es noch nie gesehen hatte. Iss hier nichts, ging es durch meinen Kopf, gar nichts, es könnte Gift sein. Oder doch eine Katze. Jeder Handgriff, jede Entscheidung schien plötzlich gefährlich, der Preis für Fehler hoch.

Ich ging langsamer als die Masse, aber mit der Masse, erreichte eine Tür nach draußen. Ich tappte in eine Nebelwand, und mich erfüllte plötzlich ein Durst, wie ich ihn noch nie gespürt hatte. Ich taumelte zurück ins Gebäude, auf einen Kühlschrank mit Wasserflaschen zu. Daneben ein anderer Schrank, der ebenfalls wie ein Kühlschrank aussah, mit kaffeeartigen Getränken. Ich fasste hinein und merkte, dass dieser Schrank die Getränke warm hielt. Sie hatten die Idee des Kühlschranks einfach umgekehrt: ein Kühlschrank für Kaltgetränke, ein Wärmeschrank für warme Getränke. Eine einfache Idee, für die man pragmatisch und zielgerichtet denken musste. Wie für die gesamte Reise, auf der ich mich befand.

Im Taxi bestätigte sich, was ich im Reiseführer gelesen hatte: Peking, eine große Stadt, ein internationaler Flughafen - aber selbst Taxifahrer sprechen kein Wort Englisch, nicht einmal »hello«. Ich reichte ein Papier mit chinesischen Schriftzeichen und einer Skizze nach vorn, eine Wegbeschreibung, die mir mein Vermieter gemailt hatte. In Peking hatte ich ein WG-Zimmer über eine Internetplattform gemietet.

In einem langen, befreienden Schluck trank ich mein Wasser. Der Fahrer las und nickte. Während er fuhr, erzählte er, redete, fragte, schimpfte, wiederholte - dass ich nichts davon verstehen konnte, schien außerhalb seiner Vorstellungskraft. Ich hörte ihm zu, sah ihn an, wenn er mich etwas fragte, dann blickte er zurück und gab sich selbst die Antwort.

So kurz die Sicht reichte, sah ich Autos, Schilder, monströse Kreuzungen. Auf einer achtspurigen Schnellstraße stoppte der Fahrer abrupt, mein Oberkörper flog nach vorn. Wir bogen rechts ab, mitten über den Gehweg, durch die Menschenmasse, in eine schmale Gasse, der wir bis zum Ende folgten. Zufrieden zeigte der Fahrer auf ein Hochhaus mit einer rußigen Fassade. Nirgendwo ein Straßenschild, kein Anhaltspunkt, ob ich am Ziel war. Der Fahrer steckte das Geld ein und fuhr sofort weg.

Ich zog meinen Koffer zur Haustür und drückte die Klingel mit der Nummer 24. Ein Mann kam herunter und öffnete, Anfang dreißig, Hemd, Businessbrille. Es war Karl, wie er sich im Internet nannte. Ich war richtig. Karl sprach Englisch.

Karls Wohnung lag im zwölften Stock, modern und westlich eingerichtet. Karl wirkte erstaunlich international, obwohl er China nie verlassen hatte. »Ich habe beruflich viel mit anderen Ländern zu tun«, sagte er.

Ich schaute hinaus, auf zwei weitere hohe Wohnblöcke, einer graurosa, einer grauweiß, vor den Fenstern Wäsche und kastenförmige Klimaanlagen. Dahinter verschloss die Nebelwand die Sicht, etwas Ovalförmiges deutete sich an, ein Stadion, vermutete ich.

»Ein nebliger Tag«, sagte ich.

Karl lachte. »Das ist kein Nebel. Das ist Smog. Sehr gefährliche Luftverschmutzung. Die meisten Leute hier wissen nicht, wie gefährlich es ist. Die Leute wissen nichts.« Er verschwand in seinem Zimmer, kam mit einem Stück weißem Stoff zurück. »Hier, nimm das. Es ist wichtig. Du sollst nicht sterben. Bitte nimm das.«

Ich zog die Atemmaske übers Gesicht, sie bedeckte alles zwischen Kinn, Ohren und Augen. Ein Aluminiumstreifen schnitt in meinen Nasenrücken, Gummibänder quetschten meine Ohren nach vorne.

»Du willst wahrscheinlich eine chinesische SIM-Karte«, sagte Karl. »Sie ist schwer zu bekommen für Ausländer. Soll ich dir eine besorgen?« Er tippte in den Computer. Ohne aufzuschauen sagte er: »Was machst du hier? Erstes Mal in China? Sehenswürdigkeiten?«

Als wäre es das Selbstverständlichste der Welt, sagte ich hinter meiner Atemmaske: »Ich bin hier für eine falsche Hochzeit. Ich heirate eine lesbische Chinesin.«

Und als wäre es das Selbstverständlichste der Welt, sagte Karl: »Verstehe. Guter Plan.«

Karl war selbst schwul, das hatten wir schon bei der Buchung geklärt. Ich hatte mich bewusst bei ihm einquartiert, wollte die Tage nutzen, um mehr über die Gesellschaft zu erfahren, mehr über das Thema, das mich in dieses Land gebracht hatte.

Karl sah mich an. »In der Wohnung kannst du die Maske abnehmen.«

Mauersicht

Überall Polizisten. Einer schrie mich aus der Ferne an. Er wusste, dass ich ihn verstand, auch als Ausländer, der kein Chinesisch sprach.

Ich war einige Stunden lang in der Stadt herumgeirrt. Der Schmerz, mit dem die Atemmaske in mein Gesicht schnitt, in meine Nase, meine Wangen, meine Ohrläppchen, beanspruchte meine Aufmerksamkeit. »Sie muss straff und dicht sitzen, sonst funktioniert sie nicht«, hatte Karl gesagt. Die Luft roch verbrannt, selbst durch den Filter. Trotzdem trug außer mir kaum jemand eine Maske. »Sie sind dumm«, hatte Karl gesagt. »Und Dummheit tötet.«

Auf den Straßenschildern nur chinesische Schriftzeichen, nirgendwo ein englisches Wort. Schnell hatte ich es aufgegeben, jemanden nach dem Weg zu fragen. Zeichen für Zeichen verglich ich die Schilder mit den Straßennamen auf dem Stadtplan, den Karl mir gegeben hatte. So konnte ich mich zum Tian'anmen Square durchschlagen, dem Platz des Himmlischen Friedens. Meilin hatte ihn oben auf die Liste der Sehenswürdigkeiten geschrieben.

Ich hatte mich auf eine niedrige Mauer gesetzt. Ein monumentaler Platz, der trotz der vielen Menschen Weite ausstrahlte. Doch die Weite wirkte beklemmend: Quaderförmige Gebäude, Säulen, Zäune, streng begrenzte Rasenflächen. Lautsprecher richteten sich von hohen Masten auf die Bürger. Die Flaggen wehte der Wind gleichförmig in eine Richtung. Symmetrisch angeordnete Scheinwerfer, wie in einem gigantischen Operationssaal. Der Polizist kam bedrohlich auf mich zu, und ich floh von der Mauer, auf der ich nicht sitzen durfte.

Die erste E-Mail, die ich mit der chinesischen SIM-Karte empfing, war von Meilin: »Seid ihr da? In Peking?« Und gute Nachricht von Tom: Die Botschaft hatte auch ihn angerufen, zwei Tage, bevor er seinen Pass für die andere Reise brauchte. Auch er bekam ein Visum. Er war kurz davor gewesen, den Antrag zurückzuziehen. »Das ist Schikane, reine Boshaftigkeit«, schrieb er. »Die haben mit Absicht bis zum letzten Moment gewartet.«

Mit Karl ging ich zum Abendessen in ein Restaurant um die Ecke. Ich hörte Chinesisch, Englisch, Deutsch, hier trafen sich Ausländer. Es sah aus wie in einem

Chinarestaurant in Deutschland. »Für dich zum Eingewöhnen«, sagte Karl. Er wählte fünf Gerichte. »So viele brauchen wir, die sind klein.« Minuten, nachdem wir bestellt hatten, schlug er die Karte noch einmal auf: »Ich weiß nicht, ob das reicht. Besser, wir bestellen noch zwei.«

Die ersten Schalen mit Essen kamen sofort. Sie hatten offenbar schon in der Küche gewartet.

»Woher kennst du die Frau, die du heiratest?«

Ich erzählte, während ein Teller nach dem anderen an unseren Tisch gebracht wurde, Gemüse, Fleisch, Fisch, Suppe. Kein Reis, den isst man in diesem Teil des Landes kaum.

Noch bevor ich meinen Überblick beendet hatte, schob Karl das Essen von sich. »Oh Mann, ich bin satt.«

Der Kellner brachte eine Schüssel mit einer tiefroten, dampfenden Flüssigkeit. Es roch nach Chili. Karl schaute gleichgültig.

»Ich kenne das alles«, sagte er. »Wen du liebst, mit wem du Sex hast, Mann oder Frau, das ist an sich kein Problem hier. Solange du daraus keine politische Aussage machst. Solange du die Regierung nicht für irgendetwas kritisierst.«

Auch ich legte die Stäbchen auf den Tisch. Wie konnte Karl so viel Essen bestellen? Er war Stammgast in dem Restaurant und kannte die Portionen.

»Es ist keine Straftat, nicht mehr«, sagte er. »Und keine Krankheit. Es gibt coole Clubs und Bars für uns, hier, in der Großstadt. Und in Shanghai! Du musst unbedingt nach Shanghai gehen. Gehst du? Trinken wir noch ein Bier?«

»Beides ja.«

»Die Regierung sperrt nicht mal unsere Seiten im Internet. Sie ignoriert es einfach.« Karl zeigte der Bedienung zwei Bier an.

»Was ist dann das Problem?«

»Das Problem geht so. Früher fragte mich meine Mutter einmal im Jahr: Hast du eine Freundin? Später einmal im Monat.«

Dann sagte Karl nichts mehr, bis ich fragte: »Und heute?«

Karl seufzte. »Heute fragt sie jeden Tag. Jeden Tag ruft sie an und fragt. Es ist ein enormes Problem. Und es wird jeden Tag größer.«

»Was antwortest du?«

»Nichts. Aber ich habe einen Plan, vielleicht. Viele machen es so: Ein Paar aus zwei Männern sucht ein Paar aus zwei Frauen. Die Männer heiraten die Frauen. Es gibt Hochzeiten für die Eltern.«

»Aber?«

»Kein aber. Man muss das Spiel weiterspielen. Meist suchen sich die beiden Paare zwei Wohnungen nebeneinander. Wenn die Eltern zu Besuch kommen, tauschen ein Mann und eine Frau hastig die Wohnung. Es ist anstrengend.« Karl sprach schnell.

Ich schwieg.

»In Deutschland ist das ja alles kein Problem«, sagte Karl.

Ich sah auf. »Nun ja ...« Ja, wie problematisch war es in Deutschland eigentlich? »Weißt du, auch meine Eltern waren nicht begeistert«, sagte ich dann. »Meine Mutter hat sogar geweint. Auch wenn ich an meine Freunde denke ... nirgendwo waren die Eltern begeistert. Ich glaube ... *niemand* ist begeistert, wenn er hört, dass sein Kind nicht heiraten und keine eigenen Kinder bekommen wird. Alle Eltern wünschen sich doch Enkel, überall auf der Welt. Oder nicht?«

»Aber in Deutschland darf man sogar heiraten, same sex marriage!«

»Nein, das ist ein Irrtum. Es gibt eine Lebenspartnerschaft, keine Ehe. Unsere Bundeskanzlerin hat gesagt, dabei hätte sie ein schlechtes Gefühl.«

»Waaaaas? Angela Merkel? Sie ist doch nett zu allen, zu den Flüchtlingen, das weiß die ganze Welt. Aber sie hat ein Problem, wenn zwei Männer heiraten? Zwei Frauen?«

Sprachlosigkeit beendete unser Gespräch. Bei Karl wegen seines Bildes von Deutschland und Angela Merkel, das zerstört worden war. Bei mir, weil ich dem Kellner zusah, wie er das übriggebliebene Essen abräumte, von dem eine Familie hätte satt werden können.

Am nächsten Morgen fuhr ich zur Chinesischen Mauer außerhalb der Stadt. »Vergiss das nicht«, hatte Meilin geschrieben. Sie hatte mir geraten, auf keinen Fall in der ersten Oktoberwoche nach China zu kommen. Das war die Goldene Woche, in der alle Chinesen Urlaub hatten und im eigenen Land unterwegs waren. »Dann sehr voll«, hatte Meilin die Warnung ihrer Mutter übersetzt. »Und voll in China ist nicht wie voll in Deutschland.«

Jetzt, Anfang November, schien es, als wäre ich allein auf der Chinesischen Mauer. Das lag wohl am Wetter. Mit Daunenanorak und Schirm setzte ich vorsichtig einen Fuß vor den anderen. Die Mauer war glitschig. Die Chinesische Mauer, das Monument, von dem sich das Gerücht hält, man erkenne es aus dem Weltall - ich stand mitten auf ihr und sah nicht mehr als ein paar Meter. Und hier draußen in der Natur, fernab vom Straßenschmutz, lag das tatsächlich am Nebel, nicht am Smog. Meine Atemmaske hatte ich abgenommen.

»In Deutschland ist das ja alles kein Problem.«

Die Unterhaltung vom Vorabend ließ mir keine Ruhe. Bis gestern Abend hatte sich die Sache für mich so dargestellt: Ich helfe einer Frau in einer anderen Welt, in einer anderen Kultur, die ein Problem hat, das in dieser

Kultur begründet ist. Ein Problem, das es bei uns nicht gibt. Wem ich in Deutschland davon erzählte, der hatte den Kopf geschüttelt: »Traurig, wie das in China ist.«

Bei euch in Deutschland ist das sicher ganz anders.

Ich brauchte erst Karls Bemerkung, um zu erkennen, dass es so anders nicht war, nicht in Deutschland und wohl in keinem anderen Land. Meilin hatte kein exotisches Problem, und so skurril war auch die Kultur nicht, in der sie lebte.

Meilins Konflikt war der Konflikt, den jedes Kind der Welt mit seinen Eltern austrägt. Das Geschlecht ist nur eine von vielen Eigenschaften, die Eltern am Partner, an der Partnerin ihres Kindes ablehnen können. Und der Partner nur eine von vielen Möglichkeiten, seine Eltern zu enttäuschen, ihre Hoffnungen und Träume. Ausbildung, Beruf, Wohnort, manchmal nur eine Tätowierung, eine Haarfarbe oder der Kleidungsstil – in jeder Familie enttäuschen Kinder ihre Eltern, auf die eine Weise oder die andere.

Meilins Geschichte war die Geschichte aller Menschen. Und ihre Frage war die Frage aller Menschen: Wie weit musst du gehen, um deine Eltern glücklich zu machen?

Ich hatte eine lange Strecke auf der Mauer zurückgelegt. Ich hatte nicht bemerkt, dass kein Regen mehr fiel. Ich klappte den Schirm zu und schaute auf. Mit einem

Mal war der Nebel verschwunden. Ich konnte die Linie der Mauer sehen, nicht gerade, sondern krumm, mal steil bergauf, mal fast senkrecht bergab, intakte Teile gingen in zerfallene über; trotz ihrer Uneinheitlichkeit, trotz aller Hindernisse war die Mauer nie unterbrochen, bis zum Horizont, wo sie aufhörte und weiterging.

Liebe und Pflicht

Während Lining *ein* Handy am Ohr hielt, zeigte sie mir auf einem zweiten ihre Hochzeitsfotos. Die Anwältin aus Peking, ich hatte sie am nächsten Tag mit ihrem Mann getroffen. Wie am Abend zuvor: Schalen, Platten, Teller türmten sich. Wir kamen mit dem Essen nicht nach, es wurde kalt, zumal Lining ununterbrochen telefonierte, mit ihrer Kanzlei, Mandanten und ihrer Mutter. »Wir müssen noch ein paar warme Sachen bestellen«, sagte sie, rührte aber auch davon nichts an. Was ich mit Karl erlebt hatte, war weder Ausnahme noch Versehen. Alle bestellten zu viel, ein Puffer ist den Chinesen wichtig, der beweist, dass man es sich leisten kann. Oft bestellen sie sogar mehr, als sie sich leisten können. Die Speisen kommen und gehen zu sehen, tat mir weh. Lining schien das zu merken. »Niemand hungert in China«, sagte sie schnell. »Es gibt viele arme Leute, aber niemand hungert. Genug für alle da.«

Daniel, Linings Mann, war Engländer. Morgens hatte er die Braut zu Hause abgeholt, bei ihrer Familie, alles perfekt im Bild inszeniert. Lining lag verführerisch auf dem Bett, auf die Seite gedreht, den Kopf auf den Arm gestützt. Daniel kniete vor den Eltern und bat sie um die Hand ihrer Tochter.

»Das sieht ganz schön devot aus«, sagte ich. Lining hatte den Raum mit dem Telefon am Ohr verlassen. Daniel und ich kannten uns nicht, aber dass wir beide Europäer waren, dass wir beide eine chinesische Ehefrau hatten, der eine wirklich, der andere unwirklich, das verband uns.

»Ja, welche Bedeutung die Familie hier hat«, sagte Daniel. »Verrückt, oder? Lining hat in einer Woche mehr Kontakt mit ihren Eltern als ich mit meinen in einem Jahr. Ich sehe ihre Eltern öfter als meine, obwohl sie auch weit entfernt wohnen.«

»Klingt anstrengend.«

»Das ist xiao. Die Liebe der Kinder zu ihren Eltern, die kindliche Pietät. Konfuzius ...«

»Das bedeutet, man tut für seine Eltern alles?«

»Im Prinzip ja«, sagte Daniel. »Ja, im Prinzip kann man das so sagen.«

Ich schwieg. »Naja«, sagte ich dann, »das ist ja zumindest eine klare Regel. Da braucht niemand zu überlegen. Man tut einfach, was die Eltern gern hätten.«

»Kennst du die vierundzwanzig Beispiele der Elternliebe?«

Diese jahrhundertealten Geschichten mit Bildern und Versen bekamen chinesische Schüler beigebracht. Daniel erzählte mir einige: Da war Tan Zi, dessen Eltern Hirschmilch für ihre kranken Augen brauchten. Tan Zi verkleidete sich als Hirsch, mischte sich unter die Tiere und besorgte seinen Eltern die Milch. Fast wäre der Junge von einem Jäger erschossen worden. Guo Ju war selbst Vater, er wollte seine Kinder lebendig begraben, damit ihm genug Geld für seine Mutter blieb. »Kinder können wir immer haben, aber eine Mutter habe ich nur einmal«, soll er zu seiner Frau gesagt haben. Zum Glück stieß er beim Graben auf einen Goldschatz. Wu Mengs Eltern konnten sich kein Moskitonetz leisten. Der Junge legte sich nackt neben Mutter und Vater, um den Durst der Moskitos zu stillen und seine Eltern vor ihren Bissen zu schützen. Tang, die ein Kind geboren hatte, ernährte mit ihrer Muttermilch auch ihre zahnlose Schwiegermutter, über Jahre, bis die Schwiegermutter starb. Diese und zwanzig andere Kinder sollten chinesischen Schülern Vorbild sein, für die Liebe zu den Eltern. Für die »kindliche Pietät.«

Lining kam zurück. »Es ist entsetzlich«, sagte sie, »viele vernachlässigen ihre Eltern. Seit diesem Sommer gibt es dagegen ein Gesetz.« Wer älter als sechzig ist, hat nun ein Recht darauf, seine Kinder regelmäßig zu sehen. Das kann er einklagen. Angestellte bekommen freie Tage, um ihre Eltern zu besuchen. »Eine Frau ist schon verurteilt worden, sie muss ihre Mutter öfter sehen. Sonst kommt sie ins Gefängnis.«

»Das ist nicht mal das Problem«, sagte Karl, als wir später auf dem Weg in einen Nachtklub waren, einen der Gay Clubs, von denen es in Peking eine Handvoll gibt. »Dass ein Sohn einen Freund hat oder eine Tochter eine Freundin. Das verstößt noch nicht gegen die kindliche Pietät.«

Wir stiegen in einen Aufzug. »Es gibt drei Arten, seine Pflicht gegenüber den Eltern zu vernachlässigen«, sagte Karl. »Die schlimmste ist, seinen Eltern keine Enkel zu schenken.«

»Was sind die beiden anderen?«

Karl überlegte. Wir fuhren durch den dritten Stock, den vierten, den fünften, im sechsten öffnete sich die Tür. »Ehrlich gesagt ... Das weiß ich nicht. Keine Kinder zu haben ist so schlimm, dass alle nur davon sprechen.«

Das war es also, die Enkel. Die Jungen kümmern sich um die Alten, pflegen sie, besuchen sie, geben ihnen Geld, wenn das eigene zum Leben nicht reicht. Renten, Altersheime, darauf kann man in China nicht vertrauen. Die kindliche Pietät, die Sorge um die Eltern – sie war eine Mischung aus Notwendigkeit und Überzeugung. Und wenn den Eltern wiederum daran gelegen war, dass ihre Kinder eigene Kinder bekamen, sorgten sie sich damit zuerst um das Wohl ihrer Kinder. »Kahler Ast« nennt man in China Kinder, die keine Kinder haben.

Wir betraten eine schlauchförmige Bar mit einer Fensterfront, unter der das nächtliche Peking blinkte. Neben der Tanzfläche stieg Kunstnebel auf, Lichtblitze zuckten aus dem Dunkel. Freundesgruppen scharten sich um Stehtische. Auf einer Bühne sang jemand in ein Mikrophon und las dabei von einem Bildschirm, ein Karaokeabend. Ich war der einzige Westler.

Nach zwei Minuten kamen die ersten Einheimischen. »I like foreigners«, sagte mir einer ins Ohr, die anderen schauten bekräftigend. Sie sprachen Englisch. Karl ignorierten sie. Ich reagierte nicht. Da begannen sie zu erzählen, einer nach dem anderen.

»Ich wohne bei meiner Oma, die ist dreiundsiebzig«, sagte ein Junge, der dreiundzwanzig war. Ein Waisenkind. »Ich habe ihr gesagt, dass ich schwul bin.«

»Das ist mutig«, sagte ich. »Warum hast du das getan?«

»Weil ich sie liebe.«

Ich sah ihn an. Warum verstört man jemanden, den man liebt?

»Ich will sie nicht enttäuschen«, sagte der Junge. »Sie würde darauf warten, dass ich eine Frau heirate. Deshalb habe ich ihr die Wahrheit gesagt. Um sie nicht zu enttäuschen.«

Wir starrten auf die Bühne. Ich weiß nicht, warum sie sich mir, dem Fremden, öffneten. Vielleicht dachten sie, ich könnte ihre Probleme besser verstehen, ihnen besser zuhören, nicht weil ich ähnliche Probleme hatte, sondern gerade weil ich sie *nicht* hatte, weil ich aus einem Land kam, in dem es ihrer Meinung nach keine Probleme gab, zumindest nicht solche.

Nach einer Weile sagte ich: »Ist deine Oma jetzt glücklich?«

Wieder Schweigen, in die letzte Strophe eines Liedes hinein. Applaus, ein Moment der Stille, während ein neuer Sänger auf die Bühne kletterte.

»Ich weiß nicht«, sagte der Junge. »Sie hat nie darauf reagiert.«

Ein anderer, kaum älter, schaltete sich ein. »Ich habe es meiner Mutter auch gesagt.«

Auf der Bühne sang jemand Whitney Houston. Die Stimme sanft, gefühlvoll, alle hatten aufgehört zu reden. Zwei junge Frauen neben mir berührten sich zaghaft an den Händen.

»Da hat meine Mutter gesagt, sie begeht Selbstmord«, sagte der andere, »sie hat gesagt, wenn das stimmt, bringe ich mich um.«

Wir sahen uns nicht an. Die eine der beiden Frauen hatte den Arm um die andere gelegt.

»Aber jetzt ist wieder alles gut«, sagte der zweite Junge.

»Ich habe gesagt, das war nur ein Scherz. Es ist alles in Ordnung, ich werde eine Frau heiraten.«

Ich bestellte noch ein Bier, blickte stumm geradeaus, in die bunten Lichter, auf die Bühne, die beiden Frauen wurden unscharf. Alles, was hier geschah, geschah nicht wegen Konfuzius und nicht aufgrund eines Gesetzes. Zumindest nicht nur. Was chinesische Kinder taten, taten sie aus bedingungsloser Liebe zu ihren Eltern.

In der Welt, in der ich gelandet war, galten andere Werte als dort, wo ich herkam. Natürlich kümmern sich Kinder und Eltern auch in Deutschland umeinander. Wenn es nötig ist und wenn es möglich ist. Aber die Wenigsten kämen auf die Idee, ihr Leben den Vorstellungen ihrer Eltern anzupassen, weil die Eltern unglücklich sind. Akzeptiert mich, wie ich bin - oder lasst es. Ich habe mein eigenes Leben. Ich muss mich nicht für meine Eltern verbiegen. Viele Familien waren daran zerbrochen, auch in meinem Bekanntenkreis. Man brach den Kontakt ab. Man war »geschiedene Leute«.

Diese Sicht ist in Europa, in Deutschland, im Westen, so selbstverständlich, dass sie kaum jemand anzweifelt. Doch wenn man auf Menschen stößt, die mit der gleichen Selbstverständlichkeit vom Gegenteil überzeugt sind, gibt das Anlass zum Nachdenken. Zum Nachdenken darüber, ob nicht alles auch anders sein könnte. Ganz anders oder zumindest ein bisschen anders.

Der Waisenjunge stieß mich an. »Eins will ich noch sagen. Das mit der Liebe, das gilt auch umgekehrt. Egal, was ein chinesisches Kind getan hat, was es seinen Eltern sagt. Die Eltern schämen sich vielleicht. Aber sie würden ihr Kind nie aus dem Haus werfen. Sie würden ihr Kind niemals verstoßen.«

Ich blickte den Jungen an. Ich sah, dass er versuchte, sich einen Bart wachsen zu lassen, und dass er seine Augenbrauen nachgezeichnet hatte.

»Niemals«, sagte der Waisenjunge.

Doppelglück

Im Dunkel der beginnenden Nacht schlichen wir durch die Straßen und glichen die Schilder mit dem Buch ab, Zeichen für Zeichen. Manchmal glaubten wir, unser Ziel gefunden zu haben, dann sagte Tom leise: »Nein, beim letzten Zeichen ist der Strich an der Seite kürzer. Vielleicht dort vorne?« Und wir liefen weiter, ganz allein, außer uns war niemand in dieser Gegend unterwegs.

Tom war am Nachmittag angekommen. Ein gemeinsamer Abend in Peking lag vor uns; am nächsten Morgen würden wir aufbrechen: in eine andere Stadt, zu Meilin, zur Hochzeit.

»Die bekannte Essen wie Pekingente brauchst du nicht die berühmten Orte zu besuchen«, hatte Meilin geschrieben, »du kannst irgendwo ein Restaurant finden, darin sind die Essen auch nicht schlecht und günstiger.« Doch genau das suchten wir: ein bekanntes Restaurant für eine Pekingente. Wir hofften, dass es dort eine Speisekarte geben würde, die wir lesen konnten, dass in einem bekannten Restaurant eine Bedienung arbeiten würde, die uns verstand. Also folgten wir einer Empfehlung aus dem Reiseführer.

Nach zwei Stunden waren wir sicher, das Restaurant gefunden zu haben. Es lag neben einem großen Automaten, aus dem man Bücher wie Schokoriegel ziehen konnte. Eine vollautomatische Leihbücherei, die ein kaltes Licht auf den Gehweg warf. Das Restaurant war berühmt, empfohlen in einem weltweit verkauften Reiseführer, doch es gab kein englisches Schild an der Tür und, anders, als wir gehofft hatten, keine englische Speisekarte, keine Fotos der Gerichte.

Im Raum herrschte eine seltsame Mischung aus weißem Neonlicht von der Decke und roten, blauen und grünen Strahlern von der Seite. Um uns herum nur wenige Gäste, alles Chinesen. Es war spät.

Die Bedienung tippte eine Minute lang in ihr Handy. Dann hielt sie uns das Display entgegen, ein Übersetzungsprogramm. Wir lasen: »One duck and one beer?« Wir nickten.

Sie baute alles vor uns auf und führte uns die Technik vor: einen Teiglappen auf die flache Hand legen, mit der anderen Hand Gurkenstreifen, Zwiebeln, Ente und Soße darauf, zusammenrollen und in den Mund schieben. Sie schaute zu, wie wir uns anstellten, und lächelte. Dann ließ sie uns allein.

Später fuhren wir noch einmal zum Platz des Himmlischen Friedens. Das Licht der Scheinwerfer störte die Dunkelheit, wie am Tag der Smog das Sonnenlicht gestört hatte. Hier, so schien es, wurde es niemals richtig dunkel und niemals richtig hell.

Wir setzten uns auf die verbotene Mauer.

»Was erwartet uns morgen?«, fragte Tom nach einem langen Schweigen. »Und übermorgen und danach?«

Ich zog den Schmutz in meine Lunge, ohne Atemmaske, und behielt ihn lange dort. Es war kalt. Tom hatte eine Wollmütze in die Stirn gezogen, ich eine Kapuze aufgesetzt, aus der ich in keine andere Richtung als geradeaus schauen konnte.

»Ich weiß es nicht«, sagte ich, »ich weiß es auch nicht. Ich weiß nur, es wird eine Hochzeitsfeier geben. Und wir werden anstoßen.«

Früh am nächsten Morgen machten wir uns auf den Weg zum Bahnhof, früh genug, um das richtige Gleis zu suchen, den richtigen Zug, das richtige Abteil, die richtigen Plätze. Fast vier Stunden fuhren wir, vorbei an raumschiffartigen Bahnsteigen, an Megastädten und Dörfern. Wir lasen im Reiseführer, auf einer Karte versuchte ich unseren Weg zu verfolgen. Wir sprachen wenig.

Nur einmal sagte Tom: »Mir wäre wohler, wenn ich wüsste, was mich erwartet. Was ich zu tun habe.«

Ich nickte.

Fünf Minuten, bevor wir unser Ziel erreichten, klingelte mein Handy. »Vergiss nicht aussteigen«, sagte Meilin. »Wir warten.«

Als wir auf die Stufe des Wagons traten, riss uns sofort jemand die Koffer aus der Hand, »das meine Onkels, hahaha«, hörte ich Meilin, drei Männer, die ich nicht kannte, »und mein Cousin«, die Männer eilten mit unseren Koffern davon.

»Hallo«, sagte ich.

»Gut, ihr seid hier!«, sagte Meilin. Sie sprach noch schneller als sonst. »Wir dürfen auf Bahnsteig kommen, weil mein Onkel hier arbeitet.«

Wir folgten den Männern durch das Gedränge, Treppen herunter und hinauf, in die Bahnhofshalle, ich sah Meilins Mutter mit einem dünnen, kleinen Mann, offenbar der Vater. Für einen Moment blieben wir stehen. Rasch streckte ich allen die Hand hin, zeigte auf Tom und sagte: »Das ist Tom.« Alle nickten, ohne uns näher anzuschauen, die drei Männer eilten weiter mit unseren Koffern, »sie bringen zum Auto«. Zwei Frauen tauchten auf, »das meine Tante, sie braucht euren Pass, dann holt sie die Tickets für eure Zugfahrt in paar Tagen«. In Peking war es schwierig gewesen, mit unseren Reisepässen die reservierten Fahrscheine abzuholen, der Andrang am Schalter, die fehlenden Sprachkenntnisse.

Tom sah mich an, hellwach, alarmiert. Nie hatte ich

auf einer Reise einen fremden Menschen mit meinem Reisepass gehen lassen, schon gar nicht in einem Land, dessen Sprache ich nicht verstand. Jetzt zog ich ihn aus dem Brustbeutel.

»Gib ihr deinen«, sagte ich zu Tom.

»Aber dann sehen sie es doch! Die Namen ... Dann sehen sie doch, dass wir keine Brüder sind. Dann fliegt alles auf.«

Meilin hatte uns zugehört. »Keine Sorgen«, sagte sie. »Meine Tante kann nur Chinesisch lesen.«

Tom schüttelte den Kopf.

Ich nickte ihm zu. »Wir können Meilin vertrauen.«

Vor dem Bahnhofsgebäude wieder eine Art Stadion, Lampen, die mich an die Lampen auf dem Platz des Himmlischen Friedens in Peking erinnerten, eine achtspurige Straße, Unruhe, Lärm. Auch hier schwere graue Luft. Ein Onkel teilte uns auf Autos auf. Meilin, Tom und ich stiegen mit dem Cousin ins Auto und setzten uns auf die Rückbank, ohne unsere Pässe. Auf dem Beifahrersitz saß Meilins Mutter. Erst jetzt, von hinten, sah ich, dass die Mutter einen Gips am Arm trug, dass die Hand, die ich geschüttelt hatte, eingegipst war.

»Meine Mutti so aufgeregt«, sagte Meilin, »weil ich heirate. Gestern vom Stuhl gefallen, beim Putzen. Sie hat die Hand gebrochen.«

Vor der Mutter, auf dem Armaturenbrett, ein roter

Pappkarton mit Papiertaschentüchern, daneben zwei kleine Flaggen, klein wie Eisfähnchen. Die eine die chinesische Staatsflagge, der fünfzackige gelbe Stern auf rotem Grund, umgeben von vier kleineren Sternen. Die andere im selben Rot, mit Hammer und Sichel, die Flagge des Kommunismus, der ehemaligen Sowjetunion. Vom Rückspiegel baumelte etwas, das wie ein Rosenkranz aussah. Wir tauchten ein in die Lichter der Straße, in die Lichter der Stadt.

»Essen die, aus Deutschland.« Meilin reichte uns eine Packung Werthers Echte. »Meine Lieblingsbonbons. Jetzt zu uns nach Hause, dann Hotel. Später Abendessen mit meiner Familie.«

Tom und ich saßen nebeneinander, unsere Beine berührten sich. Während ich seine Anspannung wachsen spürte, wich meine dem Sog des Geschehens. Ich sah aus den Fenstern, links, rechts, vorne. Die Straßen wirkten alle gleich, wie Autobahnen, die quer durch die Stadt führten, jede Seite vier Spuren, mit einem eisernen Zaun in der Mitte. Lichter, Hochhäuser und Plattenbauten bewegten sich an uns vorbei, eine Mischung aus Times Square und Ostberlin der 1970er Jahre.

Das war Meilins Stadt. Zu Hause hatte ich im Internet Fotos angesehen, auf der offiziellen Seite der Regierung. Die Verbindung war langsam gewesen, lange hatte es gedauert, bis ein paar winzige Bilder auf meinem Monitor erschienen: Flüsse, viele Flüsse, Seen, Parks, nur Grün und Blau, Menschen in der Natur und beim Sport. Nichts davon sah ich nun.

150 Kilometer war die Stadt breit und 150 Kilometer lang. Selbst wenn man fünfzig Stundenkilometer fahren würde, ohne Ampeln, ohne Stau, ohne anzuhalten, bräuchte man drei Stunden, um sie von Osten bis Westen mit dem Auto zu durchqueren – und noch einmal drei Stunden von Süden bis Norden. Aber wir fuhren keine fünfzig, wir klebten an den Bremslichtern vor uns. Wir krochen über die 20000 Quadratkilometer des Stadtgebiets, als kleiner, langsamer Punkt.

Irgendwann bogen wir ab, nicht an einer der großen Kreuzungen, sondern in eine Seitenstraße. Von ihr gingen Plattenbausiedlungen ab, eine nach der anderen, jeweils eine Gasse, ein schmaler, langer Hof, zwischen breiten, grauen Betonquadern mit Lüftungskästen und vergitterten Fenstern.

»Doppelglück«, sagte Meilin.

Sie zeigte auf die rote Fahne an einer Hofeinfahrt. »Das chinesische Zeichen für Glück zweimal nebeneinander. Das heißt, hier heiratet jemand. Zwei Menschen glücklich.«

Die Mutter hob ihren Gipsarm, deutete ebenfalls auf das Zeichen, nickte und lächelte.

Wir folgten beiden aus dem Auto und durch den Hof,

vorbei an Motorrädern und Autoanhängern, an aufgerissenen Sofas, hölzernen Blumenkästen mit Grün, an Mülltonnen und Plastikplanen, vorbei an den offenstehenden Gittertüren des Plattenbaus, an der ersten, der zweiten, der dritten, in die vierte gingen wir hinein, eine fünfte kam danach, dann begrenzte eine Mauer den Hof. Auf der linken Seite sah es genau gleich aus.

Der Cousin trug unsere Koffer durch das enge Treppenhaus, drei Stockwerke nach oben. Es roch nach Benzin und Fisch. An den Wänden hingen offiziell aussehende Papiere, mit Stempel und Unterschrift. Offenbar war in diesem Treppenhaus alles geprüft und in Ordnung. Vor der Wohnungstür wartete der Cousin auf uns. Wir sollten sehen, was alle Nachbarn seit Tagen sehen konnten: Eine neue rote Fußmatte mit goldenen Schriftzeichen, an der Tür hing ein zweites rotes Schild mit dem Doppelglück-Zeichen.

Die Wohnung kannte ich aus unserem Videotelefonat am chinesischen Neujahrsfest. Ein Ecksofa, mit einem bunten Tuch bezogen, verschiedene Kissen, daneben ein Wasserspender, ein Teekocher, davor ein niedriger brauner Tisch. Neben dem Eingang ein Fernseher. Auf der einen Seite, hinter einer Glasscheibe, eine winzige Küche, in der sich zwei Personen kaum bewegen konnten, mit Blick in den Hof und auf das graue, genau gleich aussehende Haus gegenüber.

Auf der anderen Seite führte eine Tür zu Meilins Zimmer. Darin ein schmaler Schreibtisch, auf dem ein Spiegel stand. Ein Kleiderschrank, ein Bett mit rosa Bezügen von Hello Kitty.

»Meine Mutti hat schöne Bettwäsche gekauft, für Hochzeit.«

Rechts daneben das Schlafzimmer der Eltern, ein kleiner Balkon, vollgestellt mit Möbeln und Kisten. Unser Blick blieb neben dem Bett hängen, an einer Sauna, einer echten Sauna aus Holz, mit Platz für eine Person.

»Weil meine Mutti so krank war«, sagte Meilin, »Wegen Schmerzen. Aber jetzt braucht nicht mehr, jetzt alles weg. Weil ich heirate. Jetzt du bist meine Muttis Sauna. Hahaha.«

Aus dem Badezimmer neben der Küche holte der Vater Wasser, setzte Tee auf, die Mutter reichte Essen: Nüsse, Äpfelchen, »Spezialität hier aus der Gegend«, Maronen. Tom und ich nippten am Tee; wir wussten nicht, wie unsere Körper das fremde Wasser und das Essen aufnehmen würden.

Die Mutter hatte Tüten auf dem Schoß, aus denen sie eine Sache nach der anderen auspackte: blau-weiße Badelatschen, zwei Schlafanzüge, einer blau-silber, einer beige-orange, mehr rote Unterhosen.

»Für euch, das Geschenke«, sagte Meilin.

Tom sah mich an.

»Deine Eltern sollen uns nicht so viele Sachen schenken«, sagte ich. »Bitte sag ihnen, das sollen sie nicht.«

Meilin nickte. »Später probieren Hochzeitskleider.«

Ganbei

Meilin führte uns an der Hand zwischen rasenden Autos hindurch, Spur um Spur über die achtspurige Straße, eine Fußgängerampel gab es nicht. Unser Hotel lag auf der anderen Seite.

Ein kleines, spartanisches Zimmer, ein Tisch in der einen Ecke, darauf zwei steife Handtücher und zwei Plastiktütchen mit Duschgel. In der anderen Ecke ein Holzbrett mit einer Schaumstoffmatte. Das war das Bett, ein Doppelbett. Es war viel zu hart, das fühlte ich sofort, als ich mich daraufsetzte.

»Gibt es Problem?«, fragte Meilin.

»Vielleicht können wir eine zweite Decke bekommen«, sagte Tom. Und leise zu mir: »Die nehmen wir als Matratze.«

»Natürlich, ich frage«, sagte Meilin. »Aber jetzt Essen, meine Onkels warten, wir sind schon spät.« Sie stand in der Tür.

Roh und lebendig lag das Essen auf Tischen, gleich hinter dem Eingang des Restaurants.

»Hier man schaut und bestellt, was liebt ihr?«, sagte Meilin.

Tom und ich schritten die Auslage ab. Da schwammen Fische in Aquarien, das Fangnetz daneben, da erhoben sich gerupfte Entenköpfe aus Salatblättern, Augen, Schnabel, Nasenlöcher, herausgerissene Zungen, Eingeweide, gebrochene Knochen.

»Wollt ihr Hühnerfuß probieren? Naja, bestellen wir mal, dann sehen.«

Schnell gingen Tom und ich zum runden Tisch in der Ecke, der für die Familie reserviert war, und überließen die Auswahl Meilin und ihren Eltern. Das Restaurant war voll. Es war beste Essenszeit; auch die anderen Gäste waren gerade angekommen. Sie öffneten die Päckchen, die an jedem Platz standen, jeweils ein weißer Teller und eine Schale, eingeschweißt in Plastikfolie. Offenbar brachte man das Geschirr zum Spülen weg, und es kam sauber zurück. Manche wischten es trotzdem ab. Die Luft stank nach Rauch und Fett.

Als alle Platz genommen hatten, blickte ich in die Runde: Mir gegenüber, über den runden Tisch am weitesten entfernt, saß Meilins Mutter. Ihre Haare frisch gewellt; das stumpfe Neonlicht ließ sie schimmern. Ihre Augenbrauen waren nachgezeichnet. Ihren Gips verbarg sie im Schoß. Trotz der Sportjacke, die sie trug, sah sie festlich aus. Die Jacken – wir hatten sie alle anbehalten, Meilin ihren orangefarbenen Anorak. Es war kalt. »In China erst Heizung ab 15. November, dauert noch paar Tage«, sagte Meilin. Sie hatte uns geraten, warme Kleidung mitzubringen. Doch erst jetzt wurde uns klar, dass wir Jacken in Gebäuden brauchten.

Links neben der Mutter saß Meilin, daneben nicht ich, ihr zukünftiger Ehemann, sondern Tom. »Nehmen wir Tom in die Mitte«, hatte Meilin gesagt. Um Tom schien sie besorgt; ich hatte den Eindruck, dass sie am meisten in seiner Schuld zu stehen glaubte.

Rechts neben der Mutter die beiden Onkel, neben ihnen der Vater. Am Vater blieb mein Blick hängen. Er hatte einen kantigen Kopf, der zu seinem hageren, kurzen Körper passte. Augen und Ohren standen hervor, als wollten sie aus dem Kopf fliehen. Seine Haare waren tiefschwarz, ebenso seine Hose, sein Pullover und die Jacke darüber. In seinem Gesicht vermischte sich Blässe mit Röte. Auch der Vater schaute mich nicht direkt an, er schaute vor sich ins Leere, doch nicht wie die Mutter mit einem Lächeln, sondern mit ernsten, traurigen Augen.

Zwischen dem Vater und mir saß der Cousin; er hatte seine fünfjährige Tochter auf dem Schoß. Er wirkte jung, jünger als ich, umgänglich, gesprächig. Er war der Einzige, der mir in die Augen sah. Doch auch er sprach nicht mit mir. Um die Situation nicht unangenehm zu finden, musste ich mir ständig den Grund in Erinnerung rufen: Außer mit Meilin hatte ich, hatten wir, mit keinem Familienmitglied eine gemeinsame Sprache.

Aus einer Sporttasche zog der Vater hohe Bierflaschen und einen glänzenden roten Karton, aus dem er eine vasenartige, ebenfalls glänzend rote Flasche holte.

»Das ... Wie sagt man?«, fragte Meilin. »Sch... Schn...« Sie gab sich Mühe, ihre Lippen zu etwas zu formen, das aus ihrer Sicht unmöglich war. »Schnep...«

»Schnaps«, sagte Tom.

»Ja, Sch...naps. Haha. Hier wir bringen Getränke mit in Restaurant, zu teuer zu bestellen.«

Ich nahm die rote Flasche, drehte sie zwischen Tom und mir hin und her. Sie trug kein offizielles Etikett, auf einem provisorisch wirkenden Aufkleber konnten wir »53 %« entziffern. Tom und ich schauten uns an. Ich beugte mich über ihn zu Meilin. »Weißt du ... Wenn wir hier nicht alles essen und trinken, ist das nicht böse gemeint. Es ist nur ... damit wir nicht krank werden.«

»Ich weiß«, sagte Meilin, »deutsche Magen anders als chinesische, haha.«

»Aber sag deinem Vater, wir trinken gern von dem chinesischen Bier.«

Damit war der Vater zufrieden, jetzt lächelte er leicht, das glaubte ich zumindest. Er und die Onkel gossen sich

Schnaps ein. Der Onkel, der bisher nichts gesagt hatte, schrie Tom und mich plötzlich an: »Ganbei!« Es klang wie: »Verschwindet!« Er schaute fordernd.

Ich erschrak. An dem Schnapsglas, das er uns hinstreckte, erkannte ich, was er wollte. Tom und ich erhoben ebenfalls unsere Gläser und sagten: »Ganbei!«

»Ah, ihr wisst Prost auf Chinesisch, sehr schön, haha«, sagte Meilin und hob ihre winzige Teetasse.

Alle stießen an, jeder mit jedem.

»Muss man Glas aber leermachen, sagt Onkel.«

Der Onkel pochte mit dem Finger auf unsere Gläser. Wir setzten neu an, tranken aus, die Onkel nickten und füllten die Gläser sofort auf. Jetzt schrien uns beide gleichzeitig an. »Ganbei!« So ging es eine Weile, der Vater und die beiden Onkel schütteten den hochprozentigen Schnaps in den Rachen wie wir das leichte Bier und Meilin und ihre Mutter den Jasmintee; immer lauter wurden sie, immer unnachgiebiger bestanden sie darauf, dass wir das Glas bis auf den Grund leerten. Das »Ganbei« zu verweigern, es nicht zurückzuschreien, egal das wievielte, wäre eine Beleidigung gewesen.

Zum Glück kam irgendwann das Essen, Teller bauten sich vor uns auf einer drehbaren Glasplatte auf, Schüsseln mit dampfenden Suppen. Meilin legte ihrer Mutter etwas in die Schale, die gab dem Onkel aus der Schüssel, der dem Vater.

»In Deutschland unhöflich«, sagte Meilin, »ich habe meinen Eltern gesagt, anderen auf den Teller legen. Sehr, sehr unhöflich. Bitte nicht machen bei Valentin und Tom. Aber für meine Eltern schwer zu glauben.«

Ich aß von dem Grün in meiner Schale, das nach Meer und Koriander schmeckte. »Das ist toll«, sagte ich. Meilin übersetzte, alle nickten und strahlten.

»Xiexie«, sagten wir, danke, das hatten wir im Reiseführer gelernt. Die Familie klatschte.

Nach einer Weile fragte Tom: »Wo sind eigentlich dein Vater und deine Onkel?« Sie waren plötzlich verschwunden.

»Draußen rauchen«, sagte Meilin. »Normalerweise sie rauchen am Tisch. Aber ich habe gesagt, nicht wenn Valentin und Tom hier sind. Deutsche mögen nicht.«

»Hm ...«, sagte ich. »Welche Regeln müssen wir kennen, damit *wir* nicht unhöflich sind? Wir wissen nichts über China.«

»Das kein Problem, ihr benehmt gut«, sagte Meilin. »Und ihr helft mir viel.«

Ich blickte Meilin an. Sie sah aus wie bei unserem ersten Treffen in München. Die Haare jungenhaft, ein Bubischnitt. Pullover, Jacke, Brille, unverträumt.

Meilin wusste, was sie wollte. Und doch war sie es auch, die sich ständig in die anderen einfühlte, ständig mit allen mitfühlte, sich darum sorgte, dass es allen gut ging. Sie fühlte sich für ihre Eltern verantwortlich, sonst wäre der Plan, den wir hier ausführten, nicht entstanden. Sie fühlte sich für uns verantwortlich, hatte ihrer Familie Anweisungen erteilt, um uns den Aufenthalt angenehm zu machen. Sie war die Einzige am Tisch, die beide Welten kannte, die deutsche und die chinesische. Deshalb war sie die Einzige, die beurteilen konnte, wie die anderen die Situation empfinden mochten.

Auf der Platte fuhren die Hühnerfüße vorbei. Zuerst an mir, dann an Tom, vier waren übrig. Die Mutter hatte einige abgenagt, »das meine Mutter Liebgericht«, hatte Meilin gesagt. Nun schaute die Mutter den fahrenden Füßen nach, zwischendurch auf uns. Sie drückte ihren Gips auf die gesunde Hand, konnte diese Hand offenbar nur mit Mühe zurückhalten. Aber sie war angewiesen, uns kein Essen aufzudrängen. Sie schien das Problem mit einer Art Hypnose lösen zu wollen, als wollte sie uns mit ihren Augen dazu bringen, die Hühnerfüße zu nehmen.

Das Nächste, an das ich mich erinnere, ist ein Hühnerfuß auf meinem Teller. Blass lag er da, drei gekrümmte Krallen und eine Daumenkralle, an den Gelenken geschwollen, als wäre das Huhn gichtkrank gewesen. Ich schielte auf Toms leeren Teller. Alle sahen auf mich. Der Fuß fühlte sich an wie Milchhaut. Meine Zunge bewegte geschmackloses Gummi hin und her, das sich nicht kauen und nicht schlucken ließ.

»Ich finde es gut, dass Tiere hier in allen Teilen verwertet werden. Wenn man sie schon schlachtet.« Das war Tom. Sehr lustig.

Schnell deponierte ich den Rest der Delikatesse auf Toms Teller. Nun konnte sich die Mutter nicht mehr zurückhalten, sie gab mir einen neuen Hühnerfuß über den Tisch. Meilin herrschte sie an. Zu uns sagte sie: »Nichts auf Teller von deutschen Gästen. Aber bei Hühnerfuß vielleicht Ausnahme, wenn ihr beide so gern mögt.« Tom schob das Gebilde zurück zu mir, kurz darauf hatte jeder von uns *zwei* Hühnerfüße vor sich. »Ihr braucht nicht zu streiten, ist genug Hühnerfuß da. Wir können mehr bestellen.«

Die Onkel kamen herein. Ich sah sie an und schrie wie um Hilfe: »Ganbei!« Wie uns das Essen vor dem Ganbei gerettet hatte, rettete uns nun das Ganbei vor dem Essen. Die Onkel füllten die Gläser und schrien zurück, einmal, zweimal, dreimal.

»Sch...naps«, sagte Meilin und kicherte.

Im Geschrei entsorgte ich die Hühnerfüße in der roten Serviette.

Während wir tranken und aßen, während sich das Essen und die »Ganbeis« immer rasender drehten, kamen wir uns näher, ohne miteinander zu reden. Vielleicht war das die chinesische Art, einen Schwiegersohn aufzunehmen; die Mutter gibt ihm Hühnerfüße, Vater und Onkel schreien ihn an, mit Schnaps in der Hand.

Als wir ein Foto machten, Mutter, Vater, die ganze Familie, Meilin, Tom und ich – da lachte der Vater wirklich. Vielleicht war er aufgeregt gewesen wie wir. Vielleicht aber musste man in dieser Stadt, in dieser großen, grauen Stadt, auch aus einer roten Flasche trinken, um lachen zu können.

Der Preis des Satin

»Sind das Tiere oder Pflanzen?«, fragte ich.

»Tiere«, sagte Tom. »Sollen gesund sein.«

Ich schüttelte mich. Beschwingt durch »Ganbei« waren wir an diesem Abend noch lange durch die Stadt gefahren und gelaufen. Im Dunkeln wirkten die Straßen prächtig. Meilin hatte uns einiges zeigen wollen: Einen stattlichen Platz mit Springbrunnen und bunten Scheinwerfern, ein hohes, bedeutsames Verwaltungsgebäude, Sportstadien, die ein Gefühl von Olympischen Spielen verbreiteten. Ein Einkaufszentrum mit einer Art Weihnachtsmarkt, Lichter, Karussell, Lampions und chinesische Leuchtschrift.

In einen Supermarkt hatte Meilin uns geführt, vorbei an zwanzig Meter langen Kühlregalen. »Erkennen?«, hatte sie gefragt. Die Hühnerfüße waren hier roh, weiß, eingeschweißt, teure Köstlichkeiten. Schweinefüße. Eine Plastiktüte mit etwas, das wie braune Käfer aussah, flache Panzer mit Beinen. »Das auch Delikatess.« Schlangenartige Gebilde daneben.

Nun standen wir vor den Seegurken, sie lagen in einem ovalen Glas auf einer Art Siegerpodest, angestrahlt von Scheinwerfern. Kein Gemüse, sondern ein Tier.

»Das sehr teuer«, sagte Meilin, »wie Kaviar. Nur zu besonderen Anlässen, zum Beispiel zu Neujahrsfest. Oder zu Hochzeit. Haha.«

Es war spät, als wir zurück zu Meilins Wohnung kamen. Wir zogen die Badelatschen an, die Meilins Mutter für uns gekauft hatte. Die Mutter nickte. In Badelatschen im Haus der Schwiegereltern: Da ist man wirklich Teil der Familie. Vielleicht war es das, was sie dachte.

»Jetzt anprobieren«, sagte Meilin, »Mutti meint, wir müssen jetzt Kleider für Hochzeit anprobieren.«

Aus ihrem Schlafzimmer hatte die Mutter wieder eine Tüte geholt. Sie packte aus, Meilin verteilte: Zwei schwarze Hosen, ähnlich wie bei den Hausanzügen, die wir schon in Deutschland geschenkt bekommen hatten, nur nicht so samtartig, ein weiter, aber harter Stoff. Zwei flache Pakete in Klarsichtfolie. Meilin drehte sie hin und her und verglich die Größen. Sie reichte Tom das dunkelrote, »das für dich«, und mir das hellrote, »und das für Ehemann. Ihr könnt in meinem Zimmer probieren.«

Wir schlossen die Tür und grinsten uns an. Ich breitete meine Arme aus, Tom kam einen Schritt auf mich zu, und wir umarmten uns stumm, eine Weile. Auch von der anderen Seite drang kein Geräusch durch die Tür. Die Familie wartete lautlos.

Langsam, mit synchronen Bewegungen, zogen wir uns aus und die Hochzeitskleidung an, zuerst die schwarzen Hosen. Sie passten.

Ich griff eines der Oberteile, öffnete die Verpackung und schob meine Hand unter die Folie. Meine Finger glitten über den Stoff, kalt und edel, es war Satin. Bedächtig bewegte ich das Paket im Licht, das Rot schimmerte, mal schien es violett, mal blau, wie ein schwerer Rotwein im Glas. Vom schimmernden Stoff hoben sich Schriftzeichen ab, sie waren mit glänzendem Faden in den Stoff gestickt, fein und mit Sorgfalt. Dazwischen goldene Symbole, ebenfalls gestickt. Die Knöpfe waren aus Satin geknotet, ihnen gegenüber ragten rot-goldene Schlaufen aus dem Saum.

»Wow«, sagte ich. Ich reichte Tom sein Päckchen.

Tom drehte es hin und her, sein Blick fiel auf den Aufkleber.

»Aw«, sagte er. Er wirkte mit einem Mal traurig.

»Was ist?«, fragte ich. »Nicht schön?«

Tom hielt mir das Etikett hin. »744 RMB« stand da, 744 Renminbi, Yuan, das waren fast hundert Euro. Viel Geld für eine chinesische Familie.

»Und meins war sogar noch teurer als deins«, sagte Tom.

Ich schwieg. Da war das Dilemma wieder. Und das würde erst der Anfang sein.

»Die sind wirklich sehr schön«, sagte ich schließlich. »Nun lass uns mal schauen, ob sie passen.«

Als wir aus dem Zimmer traten, hatte Meilin sich ebenfalls umgezogen, sie trug die gleichen Farben wie ich, nur war ihr Oberteil viel kleiner. Wir hielten unsere Ärmel nebeneinander, strichen über den feinen Stoff, zu dritt standen wir da, mit festlichen Kleidern und Badelatschen, auf den braunen Fliesen der bescheidenen Wohnung.

Die Eltern sprangen vom Sofa. Sie gingen um uns herum, lachten und klatschten; die Mutter schien für einen Moment zu vergessen, dass ihr Arm in Gips war. Es war das erste Mal, dass sie uns direkt anschaute.

»Fein sehen wir aus«, sagte Meilin. »Und passt perfekt. Mutti beruhigt. Sie muss nicht umtauschen.«

Den Rest des Abends saßen wir in unserer Hochzeitskleidung im Wohnzimmer. Die Mutter aß und aß, Nüsse, Sonnenblumenkerne, sie füllte die Schalen ständig auf. Jeden Kern führte sie mit einer ausladenden Geste zum Mund, mit üppigen Bewegungen mahlten ihre Kiefer, manchmal war der Mund geschlossen, meist war er offen. Ihr Schmatzen erfüllte den Raum.

Erst jetzt fiel mir auf, dass alle Familienmitglieder kräftig schmatzten, ein zufriedenes, genüssliches, feierliches

Schmatzen, das im Lärm des Restaurants untergegangen war. Im Reiseführer hatte ich gelesen, dass es in China üblich war zu schmatzen; es war sogar unhöflich, *nicht* zu schmatzen. Bei allen Verhaltensregeln, die Meilin ihren Eltern für unseren Besuch gegeben hatte, gehörte das Schmatzen wohl so sehr zum Essen in China, dass es unvorstellbar schien, darauf zu verzichten.

Ich nahm einen Sonnenblumenkern und versuchte ihn so zu essen, wie es meine neue Familie tat. Ich schob die Kiefer auseinander und öffnete den Mund. Mein Schmatzen klang künstlich, doch ich gab mir Mühe.

Spät am Abend, es war schon Mitternacht, fuhren wir mit dem Cousin zum Bahnhof. Die Tante hatte unsere Fahrscheine bekommen. Tom schlug seinen Reisepass auf, um zu kontrollieren, ob es auch wirklich seiner war.

»Du hattest recht«, sagte er. »Wir können Meilin vertrauen.«

Der perfekte Kuss

Am Morgen mussten wir unhöflich sein. Meilins Familie hatte uns zum Frühstück zu einem Straßenstand geführt. In der giftigen Luft stand ein Mann, der klebrige Geldscheine entgegennahm und mit denselben Händen einen Brei auf einem unansehnlichen Verkaufswagen knetete und in frittierte Teiglappen füllte. Meilins Eltern blickten auf die Auslage, dann auf uns, stolz und erwartungsvoll.

»Das typische lokale Essen«, sagte Meilin.

Tom und ich trugen Anzüge für die Fotos, die wir gleich machen würden, dunkelblaue Anzüge, weiße Hemden, Krawatten. So standen wir im Fettnebel.

»Meilin ... bitte sag deinen Eltern, das Essen sieht sehr lecker aus. Aber vielleicht ist es ungewohnt für unseren Magen, und morgen ist ja die Feier ...«, sagte ich.

»Ich verstehe«, sagte Meilin. »Wir können zu KFC gehen, wenn das für euch besser.«

Schnell drehten sich die Eltern um, gingen voraus zu Kentucky Fried Chicken, ein paar Meter weiter. Sie verbargen ihr Gesicht, wirkten enttäuscht und beschämt. Es war eine seltsame Situation. Hier, am Straßenrand, musste ich Meilins Eltern im Kleinen mit der Wahrheit enttäuschen, um die große Geschichte nicht zu gefährden, die große Lüge, die wir inszenierten, um die Eltern *nicht* zu enttäuschen.

Auch bei KFC gab es chinesisches Frühstück. Tom und ich aßen im Hochzeitsanzug eine Reissuppe und frittiertes Brot.

Der Fotograf war ein junger Mann, der Kapuzenpullover und Turnschuhe mit roten Schnürbändern trug, ein spezieller Hochzeitsfotograf. Er redete viel und mit hoher Stimme. Das Studio lag in einem Fabrikgebäude. An der Wand hingen Kostüme, nebeneinander, übereinander, vor rot schimmernder Tapete, weiße Hochzeitskleider, unterschiedliche Schnitte, rote, blaue und goldene Kleider, ein deutsches Dirndl. Für Männer gab es weniger Auswahl, ein paar Hemden, Sakkos, Westen in eher ausgefallenen Größen. Deshalb hatten wir unsere Anzüge mitgebracht.

Zur Straße weiße Kastenfenster mit Läden aus weißen Holzlamellen, weiße Vorhänge, in der Mitte zusammengeknotet, daneben ein künstlicher Baum mit weißen Blüten, eine weiße Holzbank. Schob man die Vorhänge zur Seite, gaben die Fenster den Blick frei auf Hochhäuser,

Nebel, Autos, Grau mit roten Punkten, dem chinesischen Rot. Auf dem Boden ein Eimer mit gelben Plastikrosen, eine Flasche auf der Fensterbank verströmte den passenden Duft. Braune Teddybären mit bunten Schleifen, eine rosafarbene Hochzeitstorte aus Gummi, Kreide, eine Tafel. Ein silberner Kerzenständer mit Kerzen, die sich echt anfühlten. Ein Schaukelpferd, das aussah wie ein Wolf mit Katzenpfoten.

Gegenüber zwei heruntergekommene Sofas. Das war der Wartebereich. Auf dem Tisch lagen Hochzeitsalben, das gesammelte Glück der Paare vor uns, der Stolz des Hochzeitsfotografen, der einen der angesehensten Berufe in der chinesischen Gesellschaft ausübte. Die Fotos sind wichtiger als die Feier, das wusste ich schon von Herrn Fänger. Manche ließen ihre Hochzeitsfotos als Tapete drucken. Auch Meilin hatte gesagt: »Für später heute wichtiger als morgen.« Unsere Hochzeitskleidung aus Satin hatten wir zu Hause gelassen. Auf den Fotos würden wir wie ein europäisches Hochzeitspaar erscheinen, Meilin im Brautkleid, ich im Anzug.

Ich setzte mich auf eines der Sofas, neben Meilins Eltern. Die Mutter lehnte in der Ecke, ein Bein auf das Sofa gelegt, in eine Decke gehüllt, denn auch hier war es kalt. Unter der Decke ragte eine schwarz schillernde Hose hervor, darüber eine rot-blaue Strickweste, ein Kragen mit Blumenmuster.

»Meine Mutti hat für Fotos neue Kleider gekauft«, sagte Meilin.

Auch der Vater sah feierlich aus, offiziell, trug einen dunklen, glänzenden Anzug, der neu war und viel zu groß.

Meilin stand mit dem Fotografen vor der Kleiderstange, in ihrer synthetischen Sporthose und einem ausgeleierten Pullover; sie war die Einzige, die sich hier verwandeln würde. Der Fotograf zog ein Kleid nach dem anderen heraus.

»Es soll weiß sein, das für meine Mutti am liebsten«, sagte Meilin.

Mit einer Auswahl verschwand Meilin in eine Abstellkammer. Als sie heraustrat, folgten ihr unsere Blicke. Schultern und Dekolleté gab das Kleid frei, es begann schwebend an ihren dünnen Oberarmen, weiße Spitze, diamantartiger Glasschmuck und Silbermuster reflektierten das Licht, straff saß das Kleid um Meilins kleine Brüste. Nach unten ein wallender Stoff, auch darin ein feines Muster. Eine lange Schleppe. Meilins Kopf war gekrönt von silbernen Perlen, ein Schleier floss hinab bis zu den Knien. Es war ein Kleid von der Stange, nur für ein paar Fotos, doch es verschmolz mit Meilin, als wäre es für sie gemacht – oder Meilin für das Kleid.

Die Mutter schaute den Vater an, dann mich, sie nickte und murmelte. Der Fotograf rief etwas, das heiter klang, seine Stimme brach endgültig nach oben aus. »Fotograf sagt, das würdig Kleid für Hochzeit mit einem deutschen Arzt«, sagte Meilin. »Jetzt bisschen Schminke.«

Eine Maskenbildnerin hatte Pinsel, Tiegel und Dosen ausgepackt. Aus der Ferne, von der Seite, sah ich Lockenwickler, weiße Staubwolken, hörte Klopfgeräusche. Meilin trug ihre Brille und schaute konzentriert in den Spiegel. Der Fotograf räumte hier, räumte da, lief auf und ab, bei Meilin vorbei, sah in den Spiegel, sagte etwas, mal zustimmend, mal anweisend.

Mit Tom blätterte ich in den Alben. Da stiegen Paare aus Ozeanen auf, hielten die untergehende Sonne in ihren Händen, sie rannten mit wehender Krawatte durch Wälder, lagen auf Blumenwiesen, sahen versonnen Vögeln nach oder küssten sich mit einem Hund auf dem Schoß. Viele Chinesen reisen für die Hochzeitsfotos ans Meer, in die Berge, in Märchenwelten. Sie nehmen Koffer voller Kostüme mit, verkleiden sich als Prinzessin und Prinz, als Hollywoodstars. Gemessen daran war das, was wir veranstalteten, karg. Unter den Fotos standen chinesische Sinnsprüche, die offenbar von einer Software übersetzt worden waren und dadurch ihren Sinn verloren hatten. »Important for people you for I is important for people, I of happy stems from you regardless of when you are accompany.«

Fast eine Stunde dauerte das Schminken, dann stand

Meilin auf. Ihre Brille hatte sie durch Kontaktlinsen ersetzt. Der Fotograf half ihr in hohe Schuhe. Ihre Haare glänzten unter dem Schleier, über ihren Schultern hingen silberne Ohrringe mit weißen Steinen. Sie trug keinen Lippenstift, aber ihre Augenbrauen waren nachgezogen, die Wimpern getuscht. Ihr Gesicht war weiß geworden. Wie wir gebräunt aussehen wollen, wenn wir gut aussehen wollen, werden Asiaten blass, wenn es festlich wird.

Auf den Absätzen kippte Meilin fast um, mit ausgestreckten Armen balancierte sie zum Spiegel. Lange schaute sie sich an. Dann sagte sie: »Seit meiner Geburt habe ich niemals so weiblich ausgesehen.«

Auch die Eltern wurden weiß geschminkt; zu Tom und mir sagte Meilin: »Fotograf sagt, ihr habt schöne weiße Farbe im Gesicht, muss man nicht viel machen.«

Inzwischen war es Mittag, der Fotograf wurde unruhig, dirigierte mit Händen und Worten, beides wurde schneller und schneller. Vor das Fenster sollten wir uns stellen, hinter die Bank, die Hände auf die Lehne, den Kopf weiter nach rechts, leicht neigen, nein, stopp, zu viel, die linke Hand, den linken Ellbogen höher. Den Blick herausfordernder. Genaue Anweisungen gab der Fotograf, und erst als alles stimmte, erst als alles perfekt war, drückte er genau einmal ab. So ging es Foto für Foto.

Die Eltern setzten sich vor uns, Familienfotos, auch

mit Tom. Meilin schob die Schleppe ihres Kleides hin und her wie einen Kasten mit leeren Flaschen im Keller - für sie waren die Fotos wirklich eine nüchterne Angelegenheit. Ihre Mutter reckte sich, versteckte ihren Gips hinter dem Rücken. Meilins kleiner Vater wuchs; größer als in diesem Moment, in dem alles perfekt war und der Fotograf den Auslöser drückte, habe ich ihn nie gesehen.

»Dui«, sagte der Fotograf, »dui, dui, dui.«

»Dui«, sagte Meilin, »das heißt: Stimmt, es ist richtig, es ist gut.«

Meilin und ich, umarmen, wies der Fotograf uns an, ich sollte auf Meilins Nasenspitze schauen. Näher, sagte der Fotograf, behutsam bewegten wir unsere Nasenspitzen aufeinander zu, beide weiß, meine von Natur aus, ihre vom Puder.

»Dui?«, fragte ich vorsichtig.

»Fotograf sagt, noch nicht dui. Müssen wir noch näher. Aber sonst Gesicht nicht verändern, sagt Fotograf.«

Wie Greifarme fuhren wir unsere Nasen durch das Bild, und in diesem Moment kamen sich unsere Lippen so nah wie niemals davor und niemals danach. Es war unser Hochzeitskuss, ohne dass wir uns küssten, und einen magischen Atemzug lang erfüllte unsere Augen so etwas wie Verliebtheit.

»Dui.« Es blitzte.

Meilin erschrak. »Oh Tom, bitte vergib mir, es tut mir leid, ich nehme deinen Freund weg.«

Sie bekam ihren Brautstrauß, echter Flieder, der Fotograf gab uns rote Buchstaben aus Holz, ein L, ein O, ein V und ein E. Wir streckten das Wort LOVE in die Kamera.

»Hier spricht doch gar niemand Englisch, wer soll das denn verstehen?«, fragte Tom. Er knipste mit seiner eigenen Kamera und grinste, in seinem Gesicht entstand auf einmal Schadenfreude. »Wer hätte gedacht, dass du mal wie in einem Bollywood-Film aussiehst. Das schicke ich Jonas, dann hat es morgen jeder, den wir kennen.«

»Jetzt nur Tom und Valentin«, sagte Meilin. »Ich will, dass ihr auch schöne Fotos habt.«

Tom und ich posierten zu zweit, wir legten die Arme umeinander und sahen uns in die Augen, mal mit Anzug, mal mit Weste.

»Meine Mutti sagt, ihr seht wirklich sehr ähnlich. Man merkt sofort, dass Brüder«, sagte Meilin.

Stunden später durfte Meilin die hohen Schuhe und das Brautkleid ablegen. Jetzt kamen die legeren Fotos, vor einer Fototapete, ein antikes Tor mit Herbstlaub, Europa, Italien, Griechenland, die Kulisse hatte ich in den Alben gesehen. Vielleicht waren auch die anderen Paare gar nicht am Meer gewesen? Meilin trug ein rotes Kleid, ich hatte das Sakko ausgezogen. Von hinten sollte ich meine Hände um ihre Hüften legen und meine Lippen an ihr Ohr.

»Ob der Fotograf auch verheiratet ist?«, sagte ich, ohne meine Lippen zu bewegen.

Die Mutter klang erfreut. »Meine Mutti mag, dass du mir zärtlich Ding ins Ohr flüsterst«, sagte Meilin.

Tanzen, bestimmte der Fotograf. Meilin drehte sich an meinem Arm, immer stürmischer, sie summte zur Musik, die der Fotograf eingeschaltet hatte, dann sang sie, wir rauschten durch den Raum.

Die Mutter hatte alle Alben durchgeblättert. Als wir vor ihr zum Stehen kamen, zeigte sie auf den Stapel vor sich, auf mich und wieder auf den Stapel.

»Dui«, sagte ich schnell.

»Oh je, wenn meine Eltern wissen, dass alles nur Theater«, sagte Meilin. Sie blickte auf die Kostüme, an sich herab, auf den Fotografen. Dann lachte sie. »Wir drei sind gutes Team.«

Sie sah Tom und mich an, zu dritt lachten wir, Mutter und Vater freuten sich über das Glück des jungen Paares, sie lachten mit, plötzlich war der Raum von Lachen erfüllt, von einem Lachen, das für jeden etwas anderes bedeutete.

Mit einem »dui« fing der Fotograf das Lachen ein.

Hilflos

Nach den Fotos saßen wir erschöpft im Auto. Meilin hatte eine Abkürzung nehmen wollen, vorbei am Stau der Stadt, über einen breiten Gehweg. Dort war der Motor ausgegangen. Wir steckten zwischen Fußgängern fest, sie liefen gleichgültig um uns herum, niemand schien sich zu wundern. Tom und ich trugen unsere Anzüge, die Eltern ihre festliche Kleidung, das Weiß im Gesicht. Meilin rief jemanden auf dem Handy an, sprach schnell, aber nicht aufgeregt.

»Sie kommen und reparieren, aber es dauert«, sagte sie.

Die Eltern gingen draußen auf und ab, im Auto blieben Meilin, Tom und ich.

»Schöne Fotos«, sagte Meilin. »Meine Eltern sehr glücklich.«

Ich sah den Eltern nach. »Was würde passieren, wenn du nicht heiraten würdest?«

»Leben würde auch gehen«, sagte Meilin. Ihre Augen folgten dem Fußgängerstrom. Sie trug wieder ihre Brille, ihr Kopf reichte knapp über das Lenkrad. Nach einer Weile sagte sie: »Aber Mutti wäre immer traurig.«

Von schräg hinten betrachtete ich Meilin. Nach dem anstrengenden Tag hatte sie den muntersten Blick von uns allen. Auch jetzt, wo wir mit dem Auto an einer ungünstigen Stelle liegen geblieben waren, war sie es, die plante, Probleme löste, das Geschehen vorantrieb. Ich schaute auf ihre dürren Schultern, über denen keine Ohrringe mehr hingen. Auf diesen Schultern lastete alles, der Druck, die Probleme aller, die an dieser Geschichte beteiligt waren. Die Eltern kannten nur ihren eigenen Schmerz: Sie lebten in China, in einer vergleichsweise kleinen Stadt, und sie hatten eine unverheiratete Tochter Mitte dreißig. Die Lösung bestand für sie darin, dass die Tochter heiratete. Dass diese Lösung für die *Tochter* ein Problem darstellte, wussten sie nicht. Mit der Mutter darüber zu sprechen war aussichtslos, das hatte mir Meilin schon in Deutschland erzählt; die Mutter begriff nicht, was sie ihr sagen wollte.

»Meinem Onkel habe ich auch erklärt«, sagte Meilin. »Ich weiß nicht, ob er verstanden hat. Er hat gesagt: Egal, was du planst. Egal, wie du leben willst. Erst du musst heiraten.« Mehr hatte der Onkel nicht wissen wollen.

Ihre eigenen Probleme, ihre Sorgen, ihre Nöte – das konnte Meilin in ihrer Heimat mit niemandem teilen.

Sie ertrug sie zusätzlich zur Not ihrer Eltern, zu den Krankheiten ihrer Mutter, dem Unglücklichsein ihrer Mutter. Dazu kamen ihre Gedanken um uns, um Tom und mich. Fühlten wir uns wohl? Nutzte sie uns nicht zu sehr aus? Auch von diesen Gedanken wussten ihre Eltern nichts.

»Hast du eigentlich ... eine Freundin?«, fragte ich. »Ich meine jetzt, momentan?«

Meilin winkte ihren Eltern zurück, die von draußen ins Auto schauten. Dann schüttelte sie den Kopf. »Sie war auch Chinesin. Sie lebt jetzt auch wieder in China, in anderer Stadt. Sie hat Mann geheiratet. Jetzt ein Kind.« Meilin drehte den Zündschlüssel, versuchte, mit einer wilden Bewegung das Auto zu starten, aber der Motor sprang nicht an. »Das ist Lüge. Verlogen!«, sagte sie, und sie warf ihre kleinen Hände hoch, vor die Windschutzscheibe, ließ sie einen Moment dort, dann fielen sie auf ihre Oberschenkel.

»Hm ... Was ist es denn dann, was *wir* machen?«, fragte ich, sah dabei Tom an, als stellte ich ihm die Frage.

»Das keine echte Hochzeit«, sagte Meilin sofort. »Ich heirate nicht richtig Mann, deshalb keine Lüge. Ich sage nicht zu Mann: Ich liebe dich.«

Meilins Logik wirkte seltsam auf mich, aber es war eine eigene Logik. Bei allem Theater belog Meilin nicht sich selbst. Sie wollte es ihren Eltern recht machen, erfüllte deren Wunsch mit einer Lüge. Aber sie gab sich dabei nicht auf. Eine echte Ehe mit einem Mann kam für sie nicht in Frage.

»Warum ist es eigentlich so unglaublich schlimm in China, wenn ein Kind nicht verheiratet ist?«, fragte Tom.

»Eltern traurig wegen Schämen«, sagte Meilin. »Für meine Eltern wäre nicht so schlimm. Aber andere reden. Gute Freunde sagen: Warum nicht verheiratet? Schlechte Freunde sagen: Guck!«

Es war dunkel geworden. Draußen zogen Passanten Atemmasken über ihre Gesichter.

»Deshalb Kinder heiraten schnell hier«, sagte Meilin. »Sie kennen jemanden, sie sagen, ich liebe dich nicht, ich hasse dich nicht, lass uns heiraten. Alle denken, wenn verheiratet, dann glücklich. Niemand fragt: Wie ist Ehe?« Spätestens mit Anfang dreißig waren die meisten Menschen in China verheiratet.

Plötzlich drehte sich Meilin um und sah mich an. »Wirst du darüber schreiben?«

Über die Frage hatte ich nachgedacht, eigentlich wollte *ich* sie Meilin stellen, aber ich hatte den passenden Moment nicht gefunden. Natürlich wollte ich gern über unsere gemeinsame Geschichte schreiben. Aber zum einen wollte ich Meilins Not nicht ausnutzen. Zum anderen könnte es gefährlich werden. Meilins Eltern kennen meinen Namen. Und Internet gibt es, trotz Einschränkungen, auch in China. Internetseiten lassen sich mit einem Klick übersetzen. Was, wenn ich über die falsche Hochzeit schrieb und die Eltern es erfuhren? Welche Schande würde das für sie bedeuten? Und wie gefährdet war ich selbst? Ich hatte mich gegenüber der chinesischen Botschaft schriftlich verpflichtet, nicht über meine Reise zu schreiben.

»Ich ... weiß nicht ... ob es eine gute Idee ist.«

»Ich *will*, dass du darüber schreibst!«, sagte Meilin. »Ich will, dass Leute in Deutschland wissen, wie es hier in China ist. Du kannst alles schreiben. Und du kannst richtigen Namen verwenden.«

Meilins Handy klingelte, sie hörte kurz zu, sprach dann laut und langsam. »Sie kommen gleich.«, sagte sie zu uns.

Wieder Stille. »Suchst du eine neue Freundin?«, fragte Tom nach einer Weile.

»Schwer, sehr schwer. Hier in der Stadt niemand. Es gibt keine Möglichkeit zu treffen.«

»Nicht über das Internet?«, fragte Tom.

»Über Internet habe ich einmal getroffen. Aber wir hatten nicht gleiche Interessen.«

»Zehn Millionen Menschen«, sagte ich, »und so schwer, jemanden kennenzulernen.«

»Und Peking weit weg. Zu weit. Ich muss hier bleiben, für meine Eltern.«

»In Peking habe ich Bars gesehen. Da lernen sich Leute kennen«, sagte ich.

»Das Peking«, sagte Meilin. »Nur Peking. Hier nicht. Es gibt Bars, aber da gehen nur schlechte Leute hin. Nur Alkoholiker. Normaler Mensch geht nicht in Bar.«

»Ist das dort eigentlich ein Rotlichtviertel?« Tom zeigte auf eine Seitenstraße, aus deren Bars rotes Licht schien. »Ich glaube, da stand gerade eine nackte Frau an einem Fenster.«

»Ja«, sagte Meilin. »Eigentlich verboten. Deshalb Geheimnis. Aber ist wie oft in China, Geheimnis, aber ganz offen. Haha.«

Meilins Eltern hatten Bekannte getroffen, unterhielten sich mit ihnen auf dem Gehweg. Tatsächlich, in dieser großen, kleinen Stadt kannte man sich. Niemals hatte ich die Eltern so lebhaft reden gehört, wie ich sie nun durchs Fenster reden sah.

»Wie viele Leute kommen denn jetzt zur Feier morgen?«, fragte ich.

»Ich denke, über hundert. Meine Mutter will große Feier.«

»Das ist sehr teuer«, sagte Tom.

»Das normal. Chinesische Eltern sparen Leben für Hochzeit des Kindes.«

»Kommen Freunde von dir oder Freundinnen?«, fragte ich.

»Ich habe niemanden eingeladen. Das Fest ist für meine Eltern, nicht für mich. Für mich bedeutet nichts.«

Jemand klopfte an die Scheibe. Meilin öffnete und erklärte, was geschehen war.

Freiheit, Wahrheit, Liebe

Es war Mitternacht, als Tom und ich die Treppe zu unserem Hotelzimmer hochstiegen, durch das breite Treppenhaus, über die Stufen aus Linoleum, durch zwei Stockwerke, auf denen jeweils ein Lämpchen flackerte. Im dritten Flur schalteten wir die Neonröhre ein. Es war ruhig, morgens hatten wir hier viele Angestellte gesehen, aber nie einen anderen Gast. Nachts, so schien es, waren wir in diesem Hotel allein, nur die Dame an der Rezeption hatte noch bis ein Uhr Dienst.

Das Auto war leicht zu reparieren gewesen, danach waren wir zu Meilins Apartment gefahren. Der erste wichtige Tag war vorüber, ein Tag, an dem das Ergebnis gezählt hatte, die Fotos. Nun stand der zweite wichtige Tag bevor; an diesem Tag zählte der Ablauf, die Feier. Es konnte mehr schiefgehen. Deshalb hatte ich jetzt, am Abend vorher, in Meilins Wohnung darauf bestanden, die »Zeremonie«, wie Meilin sie nannte, genauer zu besprechen.

Eine chinesische Hochzeit kann abends oder mittags

stattfinden, hatte Meilin erklärt. Ihre Familie hatte sich für die Feier am Mittag entschieden. Gleich danach würden wir mit Meilin und ihrer Mutter an die Küste fahren und dort mit anderen Verwandten weiterfeiern.

Für das Fest hatten die Eltern einen Saal in einem Hotel gemietet, um elf Uhr und achtundzwanzig Minuten. Acht steht für Reichtum, hatte Meilin gesagt, deshalb elf Uhr und achtundzwanzig Minuten. Wer am 8. August um acht Uhr ein Geschäft abschließt, wird damit garantiert reich, war man in China sicher. Die Olympischen Sommerspiele in Peking waren am 8. 8. 2008 um acht Uhr acht eröffnet worden. Autokennzeichen, Telefonnummern und Kontonummern, in denen oft die Ziffer acht vorkam, waren begehrt und teuer.

»Elf Uhr und sechsundzwanzig Minuten wäre auch möglich gewesen«, hatte Meilin gesagt. »Denn sechs steht für fließt, flüssig.« Fließt, flüssig – alles läuft, ich habe Erfolg. »Ich wünsche euch alles flüssig«, hatte Meilin geschrieben, als wir die Reise vorbereiteten. Nun wusste ich, was das bedeutete.

Mich erfüllte plötzlich Unruhe. Der Tag war auf die Minute geplant, die Minute hatte sogar eine eigene Bedeutung, es war entscheidend, den Plan einzuhalten – und wir erfuhren erst jetzt davon, Stück für Stück.

Vor der Feier holt der Bräutigam die Braut zu Hause ab, hatte Meilin gesagt. Ich erinnerte mich an Linings

Fotos: Ihr Mann Daniel hatte ihre Eltern auf Knien um ihre Hand gebeten. Sie hatte sich auf dem Bett geräkelt, unter dem Jubel der Familie hatte er sie geküsst. Eine Szene wie in einem kitschigen Liebesfilm.

Ob Meilins Familie das von mir erwartete? Noch einmal Bollywood? Wir hatten vereinbart, dass ich am nächsten Morgen um neun Uhr bei Meilin vor der Tür stehe.

Im Hotel packten wir erst einmal aus. Wieder hatten wir von Meilins Eltern Geschenke bekommen: Einen Schmuckkarton, gefüttert mit grünem Stoff, darin drei Dosen mit grünem Tee. »Das habe ich im Supermarkt gesehen«, sagte Tom. »Diese Geschenkpackung. Sie hat dort 100 Yuan gekostet.« Meilins Mutter hatte noch mehr für uns gekauft, geschliffene Schiefersteine, mit denen man sich massieren kann, an den Schultern, den Schläfen, den Handgelenken. Nicht ein Set für uns beide, sondern eins für Tom und eins für mich. Ich hatte erzählt, wie sehr ich in Peking eine chinesische Massage genossen hatte – die Eltern verschlangen jedes Wort, das ich sagte, zumindest die Worte, die ihnen übersetzt wurden.

Ich war böse geworden. »Ich habe gesagt, wir möchten keine Geschenke mehr von deinen Eltern.«

Meilin hatte erst nichts gesagt, dann: »Ich glaube, müssen wir jetzt nehmen.«

Es folgten rote Zahnputzbecher, einer für Tom, einer für mich. Auch der Onkel hatte darauf bestanden, dass wir am Abend noch bei ihm vorbeischauten. »Auch Geschenke für euch«, hatte Meilin gesagt. Der Onkel kam aus seinem Haus, er trug bereits einen Schlafanzug. Er gab uns weiteren Tee, eingeschweißt in goldene Kapseln. »Der ganz teure Tee zum Verschenken«, hatte Tom im dunklen Auto gesagt, leise und traurig.

Nun lag alles auf dem kleinen Tisch im Hotelzimmer, der Tee, die Zahnputzbecher, die Massagesteine, die Hausanzüge, die Unterhosen.

Ich bereitete unsere Kleidung für den nächsten Morgen vor: Ich schaute noch einmal die Satinwesten an, strich darüber, prüfte, ob sie sauber und glatt waren, die dunkelrote für Tom, die hellrote für mich. Unsere schwarzen Hosen hängte ich daneben, Toms links, meine rechts. Ich legte zwei Pullover heraus, für die Wärme unter den Satinwesten, es war immer noch kalt, auch in Gebäuden. Zwei Paar schwarze Socken. Unsere schwarzen Schuhe. Ich holte mein Geschenk für Meilins Eltern aus dem Koffer, die chinesische Ausgabe eines meiner Bücher, und legte es an die Garderobe.

Tom saß auf dem Bett. »Ich fühle mich nicht wohl damit«, sagte er.

»Ja …«, sagte ich. Im Koffer tastete ich nach der Schuhputzcreme.

»Die geben so viel Geld aus. Für die Hochzeit. Für all die Geschenke, für uns.«

Seit unserer Ankunft hatten Meilins Eltern alles bezahlt. Jeder Versuch, unser Essen selbst zu bezahlen oder gar die Familie einzuladen, nur ein einziges Mal, war gescheitert. Die Eltern hatten solche Versuche ignoriert, und Meilin hatte uns zu verstehen gegeben, dass wir sie damit beschämen würden.

Im Hotel gab es Internetempfang. Tom tippte eine Weile in sein Handy. »Eine Hochzeit kostet chinesische Eltern mehr als ein Jahreseinkommen.«

Ich hatte Meilin gefragt, wie viel ihre Eltern für die Hochzeit bezahlten. »Etwa 10 000 Yuan«, hatte sie gesagt. »Nur für das Essen, nicht für Getränke.« Die Getränke waren teuer, oft teurer als das Essen. Der Raum, die Einladung, die Kleider, die Geschenke, die Fotos, so viele andere Dinge – all das war in den 10 000 Yuan nicht enthalten.

»Die verschulden sich oder geben zumindest alle ihre Ersparnisse aus. Für etwas, das ihnen sehr, sehr wichtig ist«, sagte Tom. »Vielleicht das Wichtigste in ihrem Leben.«

»Ja«, sagte ich. »Es ist ihnen sehr wichtig, deshalb haben sie dafür gespart.«

»Aber sie bekommen nicht, was sie glauben. Die freuen sich so, über eine Lüge. Bei so einer bedeutenden

Sache. Da darf man Menschen doch nicht belügen. Wir dürfen da nicht mitmachen.«

Ich hielt die geputzten Schuhe hoch, drehte sie im schwachen Licht hin und her. Es war verrückt. Bisher hatte ich hauptsächlich über die Frage nachgedacht: *Muss* man für seine Eltern tun, was Meilin tat? Tom fragte nun: *Darf* man es tun?

Hatte er recht? Natürlich logen wir. Aber wir taten es nicht für uns. Wir würden auch ohne das Essen bei der Hochzeit nicht verhungern, ohne den grünen Tee nicht verdursten, und ohne die Massagesteine würden wir ebenfalls zurechtkommen.

»Denk an die Sauna im Schlafzimmer«, sagte ich.

Wir logen, um die Eltern glücklich zu machen. Die erfundene Hochzeit hatte die Mutter sogar von Krankheiten geheilt.

»Und überhaupt, warum fällt dir das alles jetzt ein?«

Ich stellte unsere Schuhe vor die Garderobe und schob sie hin und her, bis sie eine Linie parallel zum Schrank bildeten. Die Kindespietät, die chinesische Tradition – das konnte man hinterfragen, das *musste* man hinterfragen. Aber lag es an uns, lag es an Tom, die jahrtausendealte Überlieferung in einer einzigen Nacht umzustürzen? Das Familienbild der Chinesen zu korrigieren? Hatten wir das Recht, die Jungen gegen die Alten aufzubringen?

Ich ging in das enge Bad, putzte die Zähne, zog mich

aus und legte mich neben Tom in das harte Bett. Tom schaute aus dem Fenster, auf die blinkende Leuchtreklame vor dem Haus. Ich nahm mein Notizbuch und schrieb ein paar Dinge auf. »Freiheit, Wahrheit, Liebe – in welchem Verhältnis?«, notierte ich.

Ich blätterte zurück, zu früheren Notizen, zu den chinesischen Folterwerkzeugen, zum Ehegesetz, zur Todesstrafe. Wenn jetzt alles aufflog, wären nicht nur Meilins Eltern gedemütigt. Es könnte auch für mich gefährlich werden. Ich schlug das Buch zu.

Auf dem Wecker las ich ein Uhr. Jetzt, in diesem Moment, beendete die Dame an der Rezeption ihre Schicht. Sie verließ die Lobby und verriegelte die Hoteltür. Nun waren wir wirklich allein, Tom und ich, in diesem Hotel, in diesem Zimmer. Und auf seltsame Weise war plötzlich auch jeder von uns beiden allein. Ich löschte das Licht.

»Ich glaube, ich kann das nicht«, sagte Tom ins Dunkel.

Ich schloss die Augen. Ich dachte an Herrn Fängers Schuhe, an die Akupressurschuhe. Ich dachte an den Schmerz und das Gute, das dieser Schmerz dem Körper tat, aber nur, wenn man ihn aushielt. Wenn man ihn ausblendete.

Mit einem Mal erfüllte mich eine verärgerte Bestimmtheit.

»Dann geh morgen zu ihren Eltern und sag ihnen die Wahrheit.«

Bedeutungseinfüllung

Am Morgen sprachen wir kaum. Tom wirkte müde. Vor dem schmalen Spiegel zogen wir uns nebeneinander an, die schwarze Hose, den Pullover, darüber die wertvolle Weste. Bei der Anprobe hatte sie mir gepasst, nun war sie plötzlich viel zu eng. Ich musste den Stoff über meine Arme und Schultern zerren. Starr stand ich im Badezimmer. Wenn ich jetzt atme, dachte ich, platzen die Nähte, dann platzt die teure Weste, die heute so wichtig ist.

Über die Schnellstraße zu Meilins Wohnung ging ich, als balancierte ich ein Buch auf dem Kopf, bewegte weder Schultern noch Arme. In den schwarzen Schuhen mit glatter Sohle setzte ich vorsichtig Fuß für Fuß auf den Asphalt, der vom Nieselregen nass war.

Schon im Treppenhaus hörten wir Stimmen. Um fünf vor neun standen wir vor Meilins Wohnung. Die Tür war nur angelehnt. Zaghaft klopfte ich. Nichts geschah. Ich hielt einen Moment inne, dann drückte ich die Tür auf.

In der Wohnung wuselte es. So viele Menschen, und alle waren beschäftigt. Ein Mann schüttete aus einer Tüte

Sonnenblumenkerne in eine Schale auf dem Wohnzimmertisch, daneben legte er Erdnüsse, Äpfel, Mandarinen, Orangen. Es sah aus wie ein deutscher Weihnachtstisch. Ein anderer prüfte die Temperatur des Teewassers in den hohen Kannen, die neben dem Tisch auf dem Boden standen, sie reichten dem Mann bis zur Hüfte. Ein Onkel saß auf dem Sofa und stellte seine Kamera scharf. Um ihn herum lag ein Berg bunter Handtaschen. Durch die beschlagene Scheibe zur Küche zeichneten sich zwei Frauenkörper ab, deren Arme sich rhythmisch bewegten. Sie rollten Teig aus. Der Vater kam und half. Nur die Mutter stand bewegungslos neben der Küche, während eine Tante ihr den Kragen richtete.

So klein war die Wohnung, dass man vom Eingang aus alles sehen konnte, sogar das Bett in Meilins Zimmer. Vorsichtig schaute ich hinüber. Das Bett war leer. Meilin lag nicht verführerisch darauf. Ich atmete auf, soweit meine enge Weste das zuließ.

Mein Blick wanderte eine Tür weiter, ins Schlafzimmer der Eltern, dort entdeckte ich Meilin. Ihr Zustand wirkte sogar ausgesprochen unverführerisch. Sie saß vor einem Schminkspiegel, der auf der Kommode aufgebaut war, sie hatte einen grauen Kittel umgehängt und eine gelbe Klammer ins Haar gesteckt. Sie hatte wieder an alles gedacht. Sie wusste genau, dass wir jeden Moment die Wohnung betreten würden. Nicht zufällig saß sie gerade jetzt vor dem Schminkspiegel. Sie wollte uns die Filmszene ersparen. Mit meiner geschrumpften Weste hätte ich auch nicht niederknien und um ihre Hand anhalten können. Hätte die Familie das von mir verlangt, wäre entweder die Weste geplatzt oder die Hochzeit.

Meilin winkte uns zu sich. Drei Frauen Mitte zwanzig standen um sie herum, eine von ihnen puderte Meilins Gesicht weiß.

»Das meine Cousine«, sagte Meilin. Sie sagte es nicht anders als sonst, aber ich merkte sofort, dass sie nervös war.

Die pudernde Cousine schnellte herum. Sie begrüßte Tom und mich mit einem Schrei. Sie hüpfte auf und ab, ließ das Puderkissen in ihrer Hand flattern, hopste auf den Balkon und zurück. Meilin reichte den Cousinen ihr Handy. Die Cousinen drängten sich über den kleinen Bildschirm, schrien, eine hielt sich die Hand vor die Lippen, die andere stützte sich auf die Schultern ihrer Schwester und sprang hoch, immer wieder, mit gegrätschten Beinen, als wollte sie der Schwester über den Kopf springen.

»Paar Fotos von gestern«, sagte Meilin. »Sie mögen sehr. Cousine hat auch diesen Monat Freund gefunden, über Agentur für Heirat.«

Die Cousine zog mich am Arm, ich drückte den Arm an meinen Körper.

»Sie will, dass du mit ihr freust«, sagte Meilin, die uns im Spiegel beobachtete.

Ich nickte mit einer kleinen, schnellen Bewegung und presste meinen Oberarm noch fester an den Brustkorb.

»Alles klar?«, fragte Meilin. Ich nickte wieder.

Das Gejohle der Cousine hatte die anderen Gäste ins Schlafzimmer gelockt. Die Mutter trat hervor. Sie redete plötzlich mit mir, direkt, ohne Übersetzung. Sie, die ich bisher nur murmelnd erlebt hatte, schrie durch die Menge. Einen nach dem anderen stellte sie vor: die Onkel, die wir schon kannten, und andere Onkel. Die Tante, die wir schon kannten, und andere Tanten. Den Cousin, die Cousinen. Eine Nachbarin, die nicht mehr aufhörte, sich vor uns zu verbeugen, und ihren Mann. Freunde, Arbeitskollegen. Von allen Gästen rief mir die Mutter die Namen zu, und ich sprach jeden Namen nach. Sagte ich einen Namen falsch, wiederholte ihn die Mutter mit übertriebenen Kieferbewegungen so lange, bis der Fehler ausgemerzt war. Alle hingen an meinen Lippen. Alle wollten mir die Hand geben, ich hielt meinen Arm am Körper und hob die Hand aus dem Handgelenk. Wie ein Roboter stand ich da, dessen Hand man nur berühren konnte, wenn man sich bückte. Was mussten die Leute von mir denken?

Plötzlich stand Meilin hinter mir. »Meine Mutti sagt, vielleicht ist euch zu laut.«

Den Kittel hatte sie abgelegt. Ihre Haare waren akkurat frisiert, doch ihr Gesicht war nicht so weiß wie am Tag zuvor. Ihre Brille hatte sie nicht durch Kontaktlinsen ersetzt. Ihre Wimpern waren nicht getuscht. Der Glanz ging heute von den Westen aus, die wir beide trugen, die uns von den anderen abhoben, nur Tom glänzte noch ähnlich, aber in einem dunkleren Rot.

»Vielleicht wollt ihr ausruhen.« Meilin öffnete die Tür zu ihrem Zimmer.

»Schau«, sagte sie. Auf ihrem Bett, auf der rosafarbenen Bettwäsche von Hello Kitty, lag ein Paar Schuhe aus rotem Stoff mit bunten Stickereien. Wie Ballettschuhe, weich, anschmiegsam, mit einer flexiblen Sohle. In ihnen steckte Papier, die Verpackung lag daneben. Meilin hatte sie noch nicht getragen. Wie klein und zerbrechlich Meilins Füße sind, dachte ich. Soviel kleiner als meine.

Da kam mir ein Gedanke. Ich starrte Meilin an. »Kann es sein, dass du meine Weste anhast?«

Meilin blickte auf meine Schultern. Sie breitete ihre Arme zur Seite aus, schwang sie, weit und leicht wie eine Adlerin. Sie beugte sich nach vorn, ihr Kopf berührte fast ihren Bauch, so sehr lachte sie. »Jetzt weiß ich, warum meine plötzlich so groß.«

Wir hatten die Westen nach der Anprobe vertauscht. Wir zogen uns um, und endlich fühlte ich mich frei. Der Roboter wurde lebendig.

»Ich habe ein Geschenk für deine Eltern«, sagte ich nun geschäftig zu Meilin und zeigte ihr das Buch. »Kannst du mir helfen, eine Widmung für deine Eltern hineinzuschreiben?«

»Haha, das gute Idee.« Meilin schrieb auf Chinesisch auf einen Spiralblock, was ich ihr auf Deutsch sagte: Ich grüße meine neue Familie, vielen Dank für alles, ich wünsche euch Glück.

»Und ... Wie heißen deine Eltern eigentlich?«

Meilin schrieb auch die Vornamen ihrer Eltern auf, die Namen meiner Schwiegereltern, die ich kurz vor der Hochzeitsfeier zum ersten Mal hörte und nur mit Mühe nachsprechen konnte. An Meilins Schreibtisch malte ich mit blauem Filzstift in das Buch, was Meilin mir vorgeschrieben hatte, Zeichen für Zeichen, insgesamt zweiundzwanzig chinesische Schriftzeichen auf sechs Zeilen. Erst langsam, dann schneller, »nicht zu schnell, sonst ungenau«, sagte Meilin. Die Cousinen standen hinter mir und tuschelten nach jedem Zeichen. Für einen Moment war es still, keiner wollte meine Konzentration stören.

Als ich fertig war, brach wieder Unruhe aus. Meilin rief alle zusammen. »Jetzt meiner Mutti zeig machen.«

Die Tanten kamen aus der Küche gerannt, die Schürze umgebunden, Jiaoziteig an den Händen. Die Mutter brüllte die Widmung in den Raum, während sie las.

»Sie sagt, wie Kinderschrift, aber kann man lesen, haha.«

Die Mutter reichte das Buch herum, zeigte auf alle, die es sehen sollten, rief und zeigte, mit ausgestrecktem Arm.

Ich schaute auf die Uhr. Schon viertel vor elf. Nicht dass wir Minute achtundzwanzig verpassen, dachte ich. Aber die Gäste hatten sich im Halbkreis um Meilin und mich gestellt, als wollten sie uns daran hindern, den Raum zu verlassen. Sie warteten auf etwas, offenbar auf den Höhepunkt der Vorfeierlichkeiten zu Hause. Der Onkel filmte. Es wurde noch einmal still.

Der Vater kam mit einer silbernen Schüssel aus der Küche. Die Schürze hatte er abgelegt. Er hielt uns die Schüssel hin und verbeugte sich wie ein Butler am englischen Königshaus.

»Nun Hochzeits-Jiaozi«, sagte Meilin. »Das besondere Jiaozi. Nur für Hochzeitspaar zu essen.«

Wie Synchronspringer führten Meilin und ich die Stäbchen gleichzeitig zum Mund. Im Kauen hielt ich inne. Die Jiaozi schmeckten scheußlich süß.

»Zucker für süßes Leben«, sagte Meilin schmatzend. »Die Einfüllungen gibt es nicht nur Chinakohl mit Fleisch. Gibt auch Bedeutungseinfüllungen wie Zucker. Für Ehepaar immer süßes Leben.«

»Auf ein süßes Leben«, sagte ich.

Tom stand einen Meter entfernt.

»Willst du nicht auch mal ein paar Fotos machen?«, sagte ich.

Tom sah mich nicht an. »Was willst du drauf haben?«, fragte er ins Leere. »Ich mache alles nach deiner Anweisung, dafür bin ich ja hier, als dein Assistent oder so was.« Er klang gereizt.

»Aber darf man jetzt nicht essen aufhören«, sagte Meilin.

»Ist gut«, sagte ich zu Tom und lachte in die Kamera des Onkels. »Lass es einfach.«

»Muss von Hochzeits-Jiaozi jeder eine gerade Zahl essen«, sagte Meilin. »Jeder zwei oder vier oder sechs. Muss alles durch zwei teilen, wegen Paar.«

Nicht einmal ein Jiaozi durfte alleine bleiben, so sehr ist das Alleinbleiben in China mit Unglück und Schande verbunden. Wir aßen die Schüssel leer, ich zählte. Am Ende hatte jeder von uns sechs zuckersüße Jiaozi gegessen.

Auf einmal standen wir fast allein im Wohnzimmer. Die Gäste drängten hinaus. Wir folgten dem Strom. Die Mutter drückte mir einen roten Gürtel in die Hand.

»Für Glück?«, fragte ich.

Meilin lachte. »Du weißt schon alles.«

Im Hof stand ein schwarzer Audi, »für Hochzeit nur gutes Auto, europäisch«. Auf der Motorhaube ein Blumenstrauß. Ein Chauffeur im dunklen Anzug öffnete uns die hinteren Türen.

Plötzlich waren alle weg. Meilin, Tom und ich saßen auf der Rückbank des Audi. Meilin hatten wir in die Mitte genommen, einer der seltenen Momente, in denen sie und ich, Braut und Bräutigam, nebeneinandersaßen.

Meilin hatte die winzigen Brautschuhe angezogen.

»Gleich geht los«, sagte sie.

Der pragmatischste Tag des Lebens

Nach zehn Minuten hielten wir vor einem Hochhaus, auf dem in roter Leuchtschrift »Business Hotel« stand, eines der wenigen Gebäude der Stadt, das auf Englisch beschriftet war. Durch die Drehtür liefen Geschäftsleute in Anzug und Kostüm. Links und rechts daneben hingen die gleichen Zeichen wie an Meilins Hofeinfahrt: Doppelglück, hier wird geheiratet.

Wir stiegen aus dem Auto, und es knallte. Zwei Onkel hielten Konfettikanonen in die Luft, bunte Schnipsel schossen an den verspiegelten Fenstern empor und rieselten auf uns nieder. Zwei andere Onkel zündeten dicke rote Böller. Meilins Mutter klatschte in das Geknall, schlug mit der einen Hand auf den Gips der anderen, dann mit dem Gips auf die gesunde Hand, sie schrie und lachte. Fotos. In unseren Anoraks, die wir über die Westen gezogen hatten, Meilin ihren orangefarbenen, ich meinen blauen, in einer Kleidung, die so unfeierlich war, wie man sie sich nur vorstellen konnte, vor einem »Business Hotel«, einem Ort, der so unfeierlich war, wie man ihn sich nur vorstellen konnte, schritten wir langsam und feierlich die drei Stufen zum Eingang hinauf, durch Konfetti, Feuernebel und Böllerfetzen.

Im 22. Stock nahm uns Meilins Vater in Empfang und führte uns zu einer braunen Flügeltür mit goldenem Rahmen. Dort hielten wir inne. Gäste warteten im Flur; niemand hatte den Raum vor uns betreten.

Wir blickten in einen herrschaftlichen Festsaal, zwölf runde Tische mit je zehn Stühlen, die mit roten Hussen bezogen waren. Von den Hussen glänzten die gleichen Symbole wie von unseren Hochzeitswesten, sorgfältig aufgestickt. Auf den Tischen jeweils zwei Decken, eine lange rote, darauf eine kleinere beige, auch sie fein bestickt, in jede Richtung schimmerten sie anders. Eine gläserne Drehplatte für das Essen, auf jedem Tisch eine Flasche Saft, zwei Flaschen Bier und zwei der rot glänzenden Kartons, die wir vom ersten Abend kannten. Offenbar sollte viel Schnaps getrunken werden. Vorn stand ein Mikrophon, daneben ein Strauß roter Rosen.

»Gehen wir rein«, sagte Meilin. In ihre Stimme, die sonst so nüchtern, sachlich, vorantreibend klang, in diese Stimme war für einen Moment etwas Andächtiges geraten. Wir legten unsere Jacken ab, dann zog mich Meilin zurück zur Tür. »Müssen wir jetzt Gäste begrüßen.« Schon wirkte sie wieder routiniert, als hätte sie ihr Leben lang nichts anderes getan als in einem »Business

Hotel« fremde Männer aus Deutschland zum Schein zu heiraten.

Es war elf Uhr und achtundzwanzig Minuten. Tom stand gegenüber, er hatte seine Kamera nun ausgepackt.

Ich machte es wie Meilin: Hände schütteln, einige Zentimeter tief verbeugen, entgegennehmen, was man uns gab. »Das Freundin meiner Mutter, mit ihrem Mann«, sagte Meilin. Die Frau überreichte Meilin einen roten Umschlag. Das waren die Hochzeitsgeschenke: nicht Haushaltsgeräte oder Geschirr, sondern ausschließlich rote Umschläge mit Geld. Die Gäste einer chinesischen Hochzeitsfeier geben von ihrem Reichtum etwas ab, um den des Ehepaars zu mehren. Jeder gibt, soviel er kann, manche mehr, als sie können, um zu verbergen, dass sie arm sind. Alle Umschläge, die mir jemand in die Hand drückte, reichte ich an Meilin weiter. »Das bekommen hoffentlich alles deine Eltern«, sagte ich.

Hinter den ersten Gästen hatte sich eine Schlange gebildet. »Hoffentlich du kannst lange stehen und hast starke Hand«, sagte Meilin. »Hahaha.« Viele wollten ein Foto mit uns machen. »Das nicht normal«, sagte Meilin. »Das nur, wenn jemand Ausländer heiratet.« Es amüsierte sie, dass ihre Verwandten sich so für ihren ausländischen Mann interessierten, aber sie wirkte auch ein wenig stolz.

Zwischendurch sagte Meilin: »Tom, komm zu uns.«

»Ich weiß nicht«, sagte Tom, »ob ich da richtig bin.«

Bevor ich etwas sagen konnte, standen die nächsten Gäste vor uns, so ging es über eine halbe Stunde. Meilin stellte mir alle vor, manchmal sagte sie aber auch: »Ich weiß nicht, wer das ist.«

Eine ältere Frau blieb lange bei uns stehen. »Sie kannte mich schon als Kind«, sagte Meilin. Die Frau hatte feine silberne Locken, trug ein blaues Kleid und einen Seidenschal, der fast bis zum Boden reichte. Sie sprach nicht aufgeregt wie die anderen, sondern bedächtig, sanft und gütig. Sie fragte mich, Meilin übersetzte. Wie gefiel mir China? Mochte ich das Essen? »Ich habe immer gehofft, dass Meilin einen guten Mann zum Heiraten findet.« Während die Frau sprach, hatte Meilin nicht, wie bei den anderen, besorgt auf die Schlange geschielt. Sie hatte nur auf das Gesicht der Frau geschaut. Ich hatte den Eindruck, dieser Gast war der einzige, der Meilin wichtig war, und auf seltsame Weise berührte diese Frau auch mich. Sie erfüllte den Augenblick mit einer Stimmung, als wären wir wirklich ein Hochzeitspaar. Als gäbe es wirklich etwas zu feiern.

Es war kurz nach zwölf, als wir unsere Plätze einnahmen, vorne links neben dem Rednerpult, Meilin, Tom und ich an einem Tisch mit Meilins Eltern, einem Onkel, einer Tante und zwei Cousinen. Ich saß neben Meilin, an meiner anderen Seite saß Tom.

Ich schaute nach hinten in den Saal. Fast alle Stühle waren belegt, über hundert Gäste. Sie waren sehr unterschiedlich gekleidet; manche trugen einen Anzug, ein Kleid, festliche Schals, andere waren im Wollpullover gekommen. Manche hatten ihre Jacken anbehalten, wegen der Kälte, andere hatten sie achtlos über die rote Husse geworfen.

Meilins Mutter trug den Pullover, den sie für die Fotos gekauft hatte. Ihr Vater ganz in Schwarz, im Anzug. Beide hatten eine Art Auszeichnung angesteckt, eine rote Stoffblume auf goldenem Untergrund, groß wie eine Faust, links auf der Brust, über dem Herzen. Es war die Auszeichnung, auf die sie so lange gewartet hatten: Mein Kind heiratet. Heute. Nach all der Zeit, nach all den Fragen, nach all den Blicken, nach all dem Warten. Jetzt ist auch bei uns alles gut.

Ein Mann im Karohemd stürmte zum Rednerpult. Meilin zog mich vom Stuhl. »Wie stellen auf. Das ehemaliger Kollege von meinem Vater, ein Freund.« Der Mann redete nicht, er schrie. Er schrie, als hielte er eine Rede an das gesamte chinesische Volk. Ich hörte unsere Namen, »Meilin« und »Valentin«, alle paar Sätze unsere Namen, er sprach sie noch einmal besonders laut aus, machte davor und danach jeweils eine Pause und schaute in alle Richtungen. Er kennt meinen Namen, dachte ich, er spricht ihn richtig aus. Dabei musste das für ihn genauso ein Lautchaos sein wie es die meisten chinesischen Namen für mich waren. Schon die Vornamen von Meilins Eltern, die ich am Morgen erfahren hatte, konnte ich kaum wiederholen. So wenig ich mit der Familie reden konnte, so selten wir uns gesehen hatten, so nüchtern, arrangiert und austauschbar alles schien – die Gäste kannten mich besser, als ich dachte. Die Mutter hatte offenbar viel über mich erzählt.

Dann kam Meilins Vater nach vorn. Aus seinem Sakko zog er ein rotes Blatt und setzte eine Lesebrille auf. Seine Hand zitterte. Ohne aufzusehen las er einen Text ab. Seine Stimme klang leise und brüchig. Sein Gesicht war weiß gepudert, seine Ohren glühten. Dreimal verbeugte er sich vor den Gästen. »Das gute Wünsche«, sagte Meilin. Dann trat der Vater ab.

In meinen Kopf schoss eine Frage: Sollten wir auch etwas sagen? Viel zu wenig Gedanken hatte ich mir um die Feier gemacht. Zu sehr war mir dieser Tag als Spiel vorgekommen, und Meilin hatte durch ihre Scherze und ihre Lockerheit, durch ihre Gleichgültigkeit gegenüber der Feier diesen Eindruck verstärkt. Doch dass wir spielten, wussten nur drei Menschen im Saal. Alle anderen nahmen ernst, was hier geschah. Und sie erwarteten, dass Braut und Bräutigam das auch taten. Schnell fragte ich Meilin. Sie nickte sofort und zog mich in derselben Sekunde auf die Bühne. Da standen wir – vor uns die

Festgesellschaft, hinter uns der Notausgang, nur zwei Schritte rückwärts, und wir wären verschwunden. Meilin drückte mir das Mikrophon in die Hand. Alle schauten mich an. Es wurde still.

Ich blickte nach vorn und überlegte. Dann sagte ich: »Ni hao.« Guten Tag. Die Menge jubelte, klatschte, manche standen auf. Meilin klatschte mit. »Wie sagt man herzlich willkommen auf Chinesisch?«, fragte ich Meilin schnell, dann sagte ich ins Mikrofon: »Huanying.« Herzlich willkommen.

Noch mehr Begeisterung. Meilin lachte. »Ab jetzt musst du übersetzen«, sagte ich. Und ins Mikrofon: »Tom und ich freuen uns sehr, hier in China zu sein, unter so vielen gütigen Menschen, die uns willkommen heißen.« Meilin übersetzte. »Vielen Dank, dass Sie alle gekommen sind, um mit uns zu feiern. Vielen Dank an Meilins Eltern für die Gastfreundschaft und für das schöne Fest.« Ich blickte zu Tom. »Und für Ihre Großzügigkeit.« Tom sah zurück, dann auf den Tisch vor sich. »Wir wünschen ihnen und allen Gästen Gesundheit, Glück und ein langes Leben.« Die Gäste waren außer sich, sie prügelten auf die Tische. Der exotische Ehemann aus Deutschland - jetzt hatte er gesprochen, sogar ein paar Worte auf Chinesisch.

»Erkennst du?«, fragte Meilin zurück am Tisch. Auf meinem Teller lag eine Seegurke, wie an jedem Platz.

Unter einer dunklen Soße, neben Reis und Brokkoli. Tom und ich schnitten ein Stückchen ab und führten es zum Mund. Ich glaube, es kostete ihn so viel Überwindung wie mich, die Substanz zu essen, die den Zähnen auswich, schwer fassbar war, die aussah wie eine Handgranate, hieß wie ein Gemüse und ein Tier war. Doch ich erinnerte mich an Meilins Worte: Delikatesse, sehr wertvoll, Kaviar, nur zu besonderen Anlässen. Nun war so ein besonderer Anlass. Und es wäre unhöflich gewesen, die Seegurke nicht aufzuessen. Und eine zweite, die uns, dem Paar, gereicht wurde, um uns eine Freude zu machen.

Als alle Seegurken verspeist waren, füllten sich die Tische mit den restlichen Speisen. Garnelen, Ente, Rind, Huhn, unzerlegte Fische, Suppen, Klöße, Jiaozi, Tofu, Salate, Mais, Zucchini, Bohnen, Kartoffeln, Spargel. Schweinefüße, Hühnerfüße. Ein Entenkopf. Gallertartige Süßspeisen, Gebäck, Melonen, Orangen. Dinge, von denen ich bis heute nicht weiß, was sie waren. All das türmte sich vor uns, die Gerichte wurden übereinandergestapelt, wie eine Pyramide, die Glasplatte drehte sich, der Entenkopf fuhr regelmäßig an uns vorbei. Je mehr die Leute aßen, desto höher wuchs die Pyramide; für jeden Kloß, der verschwand, wurden zwei neue aus der Küche gebracht.

»Am Ende muss so viel Essen auf dem Tisch stehen

wie am Anfang«, sagte Meilin. »Sonst Leute denken zu wenig.« Damit hatte sie eine Erklärung für alles geliefert, was ich seit meiner Ankunft in China beim Essen erlebt hatte.

Doch uns blieb nicht viel Zeit zum Essen. Um zwanzig vor eins stupste Meilin mich an. »Nun Ganbei machen.«

Ich sah mich um. Erst jetzt merkte ich, dass viele ihre Stäbchen niedergelegt hatten und uns erwartungsvoll anblickten. Das Anstoßen mit allen Gästen musste der Höhepunkt der Feier sein, wie in der Wohnung vorhin die Zucker-Jiaozi. Es war der einzige Teil der Zeremonie, von dem Meilin schon früh erzählt hatte, und auch in Herrn Fängers Prophezeiungen hatte er einen zentralen Platz eingenommen.

Eine Cousine hielt ein Tablett mit einer roten Serviette und zwei gefüllten Gläsern. »Keine Angst, nicht echter Wein.« Wenn Meilin »Wein« sagte, meinte sie den Schnaps, von dem ich wusste, dass er 53 Prozent Alkohol enthielt, aber nicht, was sonst. Deshalb war ich froh darüber, dass man schummeln darf, wenn man mittags heiratet, man darf mit Wasser statt Schnaps anstoßen. »Geheimnis, aber ganz offen«, sagte Meilin, wie sie es über die Prostitution in der Nachbarschaft gesagt hatte.

Am Tisch neben uns standen alle auf, jeder wollte der Erste sein, und mit jedem einzelnen tauschten wir ein »Ganbei!« Wir kreisten um den Tisch, beugten uns über Essen, Stühle und Kinder, bückten uns, um auch mit den Kindern anzustoßen, selbst mit Babys in Tragetaschen. Die Cousine folgte uns und füllte die Gläser auf. Drohte ich jemanden zu vergessen, zog Meilin mich am Ärmel und zeigte auf den Gast. So stürmten wir von Tisch zu Tisch, immer schneller, immer lauter, manche Gäste schrien mir Dinge ins Ohr, drückten mich an sich, hin und her wurde ich gezogen, geschoben, gerufen. An einigen Tischen schienen die Schnapsflaschen leergetrunken.

Hinter uns lief einer der Onkel, er trug eine große rote Tasche, aus der er glänzende rote Päckchen zog und an die Gäste verteilte, die mit uns angestoßen hatten. Mit goldenen Buchstaben waren die Worte »Happy Wedding« und »LOVE« in den Karton geprägt. Darin waren Süßigkeiten, jeder Gast sollte etwas von der Süße des Ehelebens mit nach Hause nehmen.

Als die Hälfte der Tische hinter uns lag, blieben wir stehen und verschnauften. Ich schaute nach vorn. Da sah ich Meilins Eltern, neben dem Rednerpult, auf der Bühne, allein. Ganz allein standen sie da und verfolgten, was geschah. Auch sie hatten Gläser in der Hand, streckten sie in den Raum und riefen »Ganbei!«. Wie wir prostete die Mutter jedem Gast zu, von vorn, jedem Gast sah sie von dort in die Augen und rief ihm zu. Wie im

Scheinwerferlicht stand sie da, obwohl es keine Scheinwerfer gab. Scham, Last und Schmerz schienen von ihr gefallen. Auch den Vater hörte ich von hinten, vom anderen Ende des Saals, lachen, dabei hatte er heute keinen Schnaps getrunken. Ich hatte ihn beobachtet. Die Eltern waren ohne Alkohol im Rausch.

Plötzlich stand Tom neben mir. »Ganbei«, sagte er.

Wir stießen an.

»Zufrieden?« fragte Tom. »Alles so, wie du wolltest? Deine Party, dein Abenteuer? Die anderen sind egal?«

Ich sah ihn an. Dann sah ich nach vorn, auf die Eltern. Ich öffnete den Mund, doch Meilin zog mich weiter. »Beeilen, Feier bald fertig.«

Als wir an unseren Tisch zurückkamen, war der Raum schon fast leer. Es war viertel nach eins. Die Gäste hatten auf den Höhepunkt gewartet, das »Ganbei« mit dem Hochzeitspaar und die Tüte mit den gezuckerten Geschenken. Die Feier hatte ihren Zweck erfüllt, und mit einem Schlag war die Festgesellschaft in den Nachmittag, in den Alltag, aufgebrochen.

»Manche waren in der Mittagspause hier«, sagte Meilin. »Sie gehen zurück zu Arbeit.«

Die Mutter sammelte in Pappkartons das übrig gebliebene Essen ein. Wenigstens wird hier nicht alles weggeworfen, dachte ich. Ich setzte mich und streckte die Beine aus.

»Das war der pragmatischste Tag meines Lebens«, sagte ich.

»Hahaha«, sagte Meilin. »Es war viel Spaß.«

Ja, dachte ich, ein Spaß war es. In so vielerlei Hinsicht.

Wir machten ein Foto mit den Eltern, auch uns hatte dafür jemand die roten Stoffblumen angesteckt, Meilin, Tom und mir.

Die Dame mit den silbernen Locken kam noch einmal zu uns. Sie war der letzte Gast. Sie strich mir über die Schulter und Meilin über den Kopf.

»Ich bete für euch«, sagte sie.

Hinter meinem Rücken fasste ich Meilins Hand auf der einen Seite und Toms auf der anderen. Dann gingen auch wir.

Hochzeitsnacht, voll Geräusch

Die Hochzeitsnacht sollte eine Überraschung für uns sein, und sie trug die Gefahr in sich, auch zu einer Überraschung für den Rest der Familie zu werden. Meilins Verwandte aus der Küstenstadt hatten die Nacht geplant. Nach der Feier im Hotel waren wir direkt zum Bahnhof gefahren. Meilins Vater, mit dem sie zusammenwohnte, war ihr Stiefvater, wie wir erfahren hatten. Vielleicht wirkte er deshalb, wie er wirkte, wie jemand, der dabei war und half, den aber alles weniger zu berühren schien als die Mutter. Meilins leiblicher Vater war schon vor Jahren gestorben, an einer Leberzirrhose. Wie ich hatte Meilin einen Elternteil verloren, bevor sie dreißig wurde. Die Familie ihres leiblichen Vaters lebte am Meer, dort gab es noch mehr Onkel, Tanten, Cousinen. Auch sie wollten mit uns feiern.

Im Gewimmel vor dem Bahnhofseingang trafen wir Bekannte von Meilins Familie. Ich erinnerte mich an das, was Meilin bei unserem Kennenlernen gesagt hatte: »Wir wohnen in kleiner Stadt, jeder kennt jeden.« Meilins Mutter redete auf die Frau und ihren Mann ein. Sie zog mich heran. Zum ersten Mal fasste mich die Mutter von sich aus an. Sie präsentierte mich.

»Das Nachbarin«, sagte Meilin. Und als wir weitergegangen waren: »Nachbarin sagt, sehr, sehr guter Ehemann. Aus Deutschland, ein Doktor, sieht sehr deutsch aus, hahaha.«

Die Mutter redete noch, als die Nachbarn sie schon lange nicht mehr hörten. Sie hatte so viel zu erzählen. Was für ein Moment musste das für die Mutter sein! Endlich brauchte sie keine Angst mehr zu haben vor der ewigen Frage: Ist eure Tochter jetzt verheiratet? Endlich konnte *sie* auf die Nachbarn zugehen, endlich hatte *sie* etwas zu erzählen.

Auch im Zug trug die Mutter ihren Kopf aufrecht, sah majestätisch umher, ihr Blick pendelte zwischen den Mitreisenden und uns, wie wir da saßen in unseren Hochzeitswesten, die wir über die Jacken gezogen hatten. »Heute den ganzen Tag zeigen«, hatte Meilin gesagt. »Jeder sehen.« Die Mutter packte Mandarinen aus und Gebäck. Sie schmatzte besonders laut.

Meilins Telefon klingelte ununterbrochen. »Das mein Lehrer aus erster Klasse«, sagte sie. »Viele Jahre nicht gesehen. Er hat schon erfahren und Glückwunsch.« Auf WeChat, der chinesischen Alternative zu Facebook, verbreiteten sich Fotos von der Hochzeit. Die zwei Stunden im »Business Hotel« hatten ihren Zweck erfüllt. Zu entfernten Bekannten war die Nachricht gelangt, über das weite Land, in weniger als einer Stunde. Es schien wirklich eine Botschaft zu sein, auf die alle gewartet hatten, die alle sofort weitergaben. Meilins Mutter nickte bei jedem Anruf, bei jeder Gratulation, die Meilin vorlas.

Als wir ankamen, das Gleiche wie Tage zuvor: Neue Onkel, neue Tanten, sie rissen uns die Koffer aus der Hand und schoben uns in Autos, brachten uns in ihre Wohnung.

»Jooo jo jo jo jo jo. Ho ho ho ho ho!«, sagte eine Tante mit hoher, lauter Stimme, sie sprach im Stakkato, und ihre Augenlider flackerten wie ein Diskoblitz. Und noch einmal, noch schneller, noch eine Oktave höher: »Jooojojojojo. Hohohohoho!«

Meilins Oma konnte kaum laufen, aber für diesen Tag hatte sie sich ausgehfertig gemacht. Im Festtagskleid saß sie im Rollstuhl. Dieser Teil der Verwandtschaft schien wohlhabender zu sein als die Familie in Meilins Heimatstadt. Die Wohnung war vornehm eingerichtet; das Restaurant, zu dem wir fuhren, wirkte teurer als die Restaurants, in denen wir bisher gegessen hatten. Der Onkel zahlte.

»Mein Cousin spricht Deutsch«, sagte Meilin beim Essen. »Er hat in Österreich gewohnt.«

Tom sah mich erschrocken an. »Jetzt fliegt alles auf.«

»Jooojojojojo. Hohohohoho!«, sagte die Tante.

Der Cousin sagte: »Ich spreche Deutsch«. Viel mehr konnte er auf Deutsch jedoch weder sagen noch fragen. Ähnlich ging es mit einer Cousine, die angeblich Englisch sprach, weil sie als Stewardess gearbeitet hatte.

Noch einmal Essen, Ganbeis. Bis spät am Abend tranken und lachten wir, machten Fotos, die Arme des Onkels um Tom und mich gelegt, die der lauten Tante um Meilin. Eine zweite Hochzeitsfeier am selben Tag, und die Anspannung war von uns gefallen. Ich fühlte mich tatsächlich in die Familie aufgenommen. Lüge und Wahrheit verschwammen. Meilin schien ebenfalls gelöst, genoss das Wiedersehen mit ihrer Familie. Auch Tom hatte sich neben mir entspannt.

Dann wurde es noch einmal ernst. Wir fuhren zu einem Hotel, das schon von außen anders aussah als das Hotel, in dem wir bisher gewohnt hatten.

»Mein Onkel hat Hochzeitssuite für uns gebucht«, sagte Meilin. Sie sagte es weder belustigt noch verschwörerisch, sondern mit Dankbarkeit und Ehrfurcht. »Geschenk für uns.«

Ein großer Vorraum, schwere Vorhänge an den Fenstern, durch die man die beleuchtete Stadt sah. Dahinter, im Schlafbereich, ein Bett aus edlen Hölzern, darüber ein Baldachin aus rotem Stoff, ein Himmelbett. Ein Marmorbad mit Badewanne, zwei flauschige Bademäntel, zwei Paar Hausschuhe. Zufrieden folgte der Onkel unseren Blicken, und auch die anderen kamen nach oben, um zu besichtigen, wo das Paar seine Hochzeitsnacht verbringen würde.

»Jooojojojojojo. Hohohohoho!«, sagte die Tante.

Für Tom war ein Einzelzimmer auf demselben Flur reserviert.

Als sich die Familie verabschiedet hatte, sagte Meilin: »Jetzt tauschen.« Sie gab Tom ihren Schlüssel, holte seinen Koffer herüber und brachte ihren in das Einzelzimmer.

Das Einzelzimmer war winzig. Es hatte ein hartes Bett, keine Vorhänge und ein heruntergekommenes Bad. Das Fenster führte zum Innenhof, einem Müllhaufen. Es roch muffig.

»Bist du sicher?«, fragte ich Meilin.

Sie tat mir leid. Es war *ihre* Hochzeit, ob sie echt war oder nicht. Es war *ihr* Geschenk, von *ihren* Verwandten, von der Familie ihres verstorbenen Vaters. Die Hochzeitssuite war teuer, die Verwandten hatten zusammengelegt. Nun sollte Meilin ihre Hochzeitsnacht in einer Kammer verbringen, allein, während alle anderen glücklich und zufrieden waren, während Tom und ich in das hohe Hochzeitsbett sanken.

»Das ist doch traurig«, sagte ich zu Tom.

Aber was konnten wir tun? Ich sah zu Meilin, und ihr Blick verriet, dass sie keine andere Lösung zulassen würde. Sie würde nicht wollen, dass Tom oder gar wir beide in dem einfachen Zimmer schliefen. Und sie würde niemals mit mir ein Schlafzimmer teilen. Stets hatte sie darauf geachtet, dass zumindest in diesem Teil der Geschichte die Linie zwischen Lüge und Wirklichkeit scharf blieb. »Ich will nicht Liebe, nicht Probleme«, hatte sie bei unserem ersten Treffen gesagt. Auch wenn wir heute geheiratet hatten, würden wir niemals eine Nacht im selben Bett verbringen.

»So machen wir«, sagte Meilin.

Kurz darauf lagen Tom und ich im Himmelbett, jeder auf dem Rücken. Wir starrten beide auf den Baldachin über uns.

»Du hast nichts gesagt ...«, sagte ich nach einer Weile.

»Dir war alles egal«, sagte Tom. »Was ich denke, ob ich ein Problem habe. Die Eltern.«

Wir schwiegen.

Nach einer weiteren Weile sagte Tom: »Aber ... Wie die Eltern dort standen ... so glücklich. Für *sie war* es der schönste Tag des Lebens.«

Wir drehten unsere Köpfe zueinander, beide im selben Moment, unsere Blicke trafen sich.

»Du hattest auch recht«, sagte ich. »So einfach ist das alles nicht.«

Ich nahm das rote Päckchen mit den Süßigkeiten vom Nachttisch, hob es über unsere Köpfe, und wir schauten es lange an. Tom fuhr mit dem Finger die geprägte Schrift nach: »LOVE«.

»Das ist mir heute klargeworden, so einfach ist das alles nicht«, sagte ich. Ich holte ein Stück Schokolade heraus und hielt es Tom über den Mund. Er biss zu.

»Und Meilin?«, sagte ich. Sie hatte geheiratet und war so schnell von der Wirklichkeit wieder überrollt worden. Von der Einsamkeit.

Tom kaute eine Weile auf seiner Schokolade herum. »Ich weiß es nicht«, sagte er dann.

»Jetzt wir müssen noch mal Zähne putzen.« Ohne es zu merken, hatte ich wie Meilin gesprochen.

Ich sah noch lange nach oben, nachdem wir das Licht ausgeschaltet hatten, und auch Toms Atem klang wach. Erst als es draußen hell wurde, schlief ich ein.

Kurz darauf weckte uns ein stürmisches Klopfen, jemand schlug hart gegen die Tür, rhythmisch unterbrochen von Rufen. Ich glaubte, die Stimme von Meilins Onkel zu erkennen. In einer einzigen Bewegung schnellten Tom und ich aus dem Bett und zogen uns Kleider über.

»Was jetzt?«, sagte Tom.

Ich wählte Meilins Nummer. »Dein Onkel ist vor unserem Zimmer.«

Sekunden später standen wir alle vor der Suite, Meilin, Tom, ihr Onkel und ich, der Flur war belebt, Angestellte, Koffer, Gäste rauschten vorüber, wie ein großer Auflauf, laut und schnell, bei dem plötzlich alle an einem Ort waren und niemand wusste, wer woher gekommen war und warum. Es war wie in einer Verwechslungskomödie im Volkstheater.

»Mein Onkel fragt, ob er Badezimmer benutzen kann. Er muss dringend auf Klo«, sagte Meilin. Sie war erstaunlich entspannt, lachte sogar.

Der Onkel schritt mit zusammengepressten Beinen durch das Zimmer. Tom setzte sich auf das Sofa im Vorraum. Meilin und ich ließen uns auf das Hochzeitsbett fallen.

»Jetzt sind wir doch im selben Bett gelandet, am Ende unserer Hochzeitsnacht« – das hätte ich aus heutiger Sicht in diesem Moment gesagt, jetzt, wo ich die Geschichte aufschreibe.

Aber damals dachten wir an etwas anderes, zumindest Tom und ich. »Das merkt er doch, das *muss* er doch merken, dass wir die Zimmer getauscht haben«, sagte ich. Plötzlich kam ich mir vor wie ein Dieb, der erfolgreich gestohlen hatte und mit der Beute auf der Flucht war, die ihm jeden Moment wieder abgenommen werden konnte. Es war Zeit geworden, diese Geschichte zu verlassen. Und dabei nicht aufzufliegen.

Doch Meilin fragte nur: »Wie habt ihr geschlafen?«

»Gut«, sagte ich, und ich wusste, dass Meilin wusste, dass ich log. »Und du?«

»Meine Nacht voll Geräusch«, sagte Meilin. »Mein Zimmer neben Lüftweg.«

Wir schwiegen. Der Onkel kam aus dem Badezimmer. Er blieb stehen und schaute umher, auf das zerwühlte Bett, auf Meilin und mich. Auf Tom. Er sah unsere Koffer, aus beiden quoll Männerkleidung, unsere roten Unterhosen mit den Drachen darauf. Ich sprang auf und schloss die Koffer, doch auf ihnen prangten die Etiketten der Fluggesellschaft, auf jedem Koffer ein großes »FRA«, Frankfurt, Deutschland. Der Onkel beugte sich über die Aufkleber und setzte seine Brille auf.

»Er kann nicht lesen diese Schrift«, sagte Meilin.

Mit dem Fuß stieß Tom die Koffer zur Seite. Nun kamen dahinter unsere Schuhe zum Vorschein, zwei Paar große Männerschuhe. Der Onkel schaute auf die langen Schuhe und auf Meilins kurze Füße. Ich stand starr, als könnte mich die kleinste Bewegung verraten.

Meilin musste wieder lachen. Dann sagte sie ruhig zu mir: »Mach keine Sorgen. Niemand hat einen Verdacht.«

Endlich sagte der Onkel etwas. Wir schauten gespannt auf Meilin für die Übersetzung. »Wir sollten gehen, sagt mein Onkel, wir sind eilig.«

»Ja ...«, sagte ich erleichtert und nahm umtriebig die

Jacken vom Haken. »Ja, genau, wir sollten gehen, worauf wartet ihr eigentlich?«

Der Onkel hatte sich den Tag frei genommen, um uns die Stadt zu zeigen. Wir fuhren zum Strand, der Onkel, die Mutter, Meilin, Tom und ich. Es war kalt, die Sonne brach den Nebel. Vögel versuchten auf dem Wasser zu landen, nicht weit von uns küsste sich ein Paar vor einem Hochzeitsfotografen.

»Fühlen den Sand«, sagte Meilin.

Meilin und ich beugten uns nach vorn, stützten uns mit den Händen auf den Boden, die Finger ausgestreckt.

Heute weiß ich, dass Tom ein Foto machte, hinter unserem Rücken, als wir weitergegangen waren. Ein Foto vom Sand, vier Hände, Meilins und meine.

Der heilige Berg

Die Mutter fuhr am nächsten Morgen nach Hause, zurück zum Vater. Sie ließ uns für ein besonderes Vorhaben alleine zurück. Zum ersten Mal seit unserer Ankunft in China waren wir zu dritt, waren wir, die Eingeweihten, unter uns, Meilin, Tom und ich. Alle äußeren Spuren der Hochzeit hatten wir zurückgelassen, den weißen Puder, das Haarspray, den Schleier, die Satinwesten. Die roten Umschläge. Wer uns beobachtete, hätte weder vermutet, dass Meilin und ich soeben geheiratet hatten, noch, dass wir uns kaum kannten. Wir reisten wie drei Freunde.

Unser Ziel war der Taishan, einer der fünf heiligsten Berge Chinas. Seit dreitausend Jahren pilgern Menschen auf diesen Berg, Gelehrte, Dichter, Kaiser. Und normale Menschen wie wir. Im Alten China hielt man ihn für den höchsten Berg der Erde. Über eineinhalb Kilometer ist der Taishan hoch. Er gilt als Berg der Erkenntnis. Als Konfuzius ihn bestiegen hatte, soll er gesagt haben: »Die Welt ist klein.« Mao soll von der Bergspitze aus erkannt haben: »Der Osten ist rot.« Es gab eine

Seilbahn, aber Meilin hatte gesagt: »Muss man zu Fuß gehen.«

Zu Fuß, das bedeutete: kein Spazierweg, der sich leicht ansteigend und sanft um den Berg wand, sondern eine Treppe. Eine einzige Treppe, in den Berg geschlagen, geradeaus und steil nach oben, vom Fuß bis zum Gipfel, als hätte jemand eine Leiter an den Berg gestellt. Neun Kilometer war die Treppe lang; fast siebentausend Stufen lagen vor uns.

Meilin lief voran, mit ihren federnden Turnschuhen, mit ihrer Sporthose und der Gürteltasche, vorbei an Wäldern, Bächen und Wasserfällen. Ihr Telefon verlor seinen Empfang, die Glückwünsche brachen ab.

»Wetter kann schnell ändern«, sagte Meilin. »Besser beeilen.«

Tom und ich versuchten Schritt zu halten. Wir gingen eine Weile stumm, bis wir an ein Tor aus Stein kamen, links und rechts eine kantige Säule, darüber eine verzierte Steinplatte mit zwei roten Schriftzeichen.

»Das erstes Himmelstor«, sagte Meilin. »Hier beginnt Pfad zum Himmel.«

Wir schauten durch das Tor. Es war der Anfang eines Weges, der durch weitere Tore führte, vorbei an Tempeln, Palästen und in Fels geschlagenen Botschaften, an betagten Bäumen, mystischen Stätten. Sie trugen Namen wie »Felsental der Inschriften«, »Brücke in den Wolken«,

»Wudafu-Kiefer«, »Palast des Roten Tores« und »Mondblickgipfel«. Wer den Taishan besteigt, sagt man, wird gereinigt und neu geboren.

»Wir sind verheiratet, und ich weiß so wenig über dich«, sagte ich, als wir durch das Tor gingen.

»Was willst du wissen?«, fragte Meilin.

»Wie wir uns kennengelernt haben. Ich will wissen, wie und warum wir uns kennengelernt haben.«

»Es war schwer«, sagte sie. »Es war schwere Zeit.«

»Wie lange warst du in Deutschland?«

»Fast fünf Jahre, von 2006 bis 2011. Für Studieren.«

»Und in der Zeit hast du schon einen Mann zum Heiraten gesucht?«, fragte Tom.

»Ja, viel gesucht, viele Jahre. Nicht gefunden. Deshalb bin ich zurück nach Deutschland. München hat mir gefallen. Ich dachte, dort Mann finden.«

»Mit dem Aushang …«, sagte ich.

»Anders zuerst. Ich habe bei Beratung gefragt, bei Hilfe für Frauen.«

Zwölf Stufen Schweigen. Dann: »Am Ende sie haben gesagt, sie haben Mann gefunden. Transsexueller Mann. Früher Frau. Sie haben gesagt, vielleicht passt ganz gut. Wir haben kennengelernt, er hat gesagt, er kann mich heiraten. Ich habe meiner Mutti gesagt. Sie wollte nach Deutschland kommen.«

Obwohl wir aufstiegen, wurde es wärmer. Ich zog

einen meiner beiden Pullover aus und setzte meinen Sonnenhut auf. Meilin knüllte ihre Jacke in der linken Faust zusammen. Sie drückte fest zu.

»Dann der Mann hat sich nicht mehr gemeldet. Alles von vorne«, sagte sie. »Ich habe neuen Mann gefunden, viele Monate später. Er war nicht schön. Ich dünn, er dick. Er war sehr hässlich.« Sie dachte nach, sah ihn offenbar vor Augen. »Nicht lieblich Hochzeitsfoto. Aber mir egal, Hauptsache, Mann gefunden. Ich war froh.«

Ich musste mich anstrengen, um nicht zurückzufallen. Für mich war die Besteigung des Berges zu einer Herausforderung geworden. Meine Beine konnten den Körper kaum hinterherziehen. Ich schwitzte.

Meilin drehte sich um. »Schaffst du?«

»Macht euch keine Sorgen«, sagte ich. »Ich laufe einfach langsamer. Was ist mit dem anderen Mann passiert?«

Meilin sah umher. Neben der Treppe, auf dem begrasten Abhang, entdeckte sie einen Stock. Sie holte ihn und gab ihn mir. »Damit nicht so anstrengend.«

»Was war mit dem anderen Mann?«

»Auch er sagt, er kann mich heiraten. Meine Mutti ist nach Deutschland gekommen. Wir wollten treffen an einem Mittag. Am Morgen hat der Mann Nachricht geschickt: Ich kann das nicht machen. Mutti war schon da.«

Meilin war blass geworden. Tom holte einen Müsliriegel heraus und hielt ihn ihr hin. Normalerweise aß Meilin nie, wenn sie Sport machte, »das besser«, hatte sie gesagt. Und nichts anderes war die Besteigung des Taishan für sie. Sport, wie ein Training im Fitnessstudio.

Doch jetzt sagte sie: »Naja, vielleicht mal ganz gut.«

Bisher hatte Meilin nicht über die Zeit vor unserem Kennenlernen gesprochen. Für mich hatte es wie ein Märchen geklungen, bei dem sich eins aus dem anderen ergab, ganz leicht, je unwahrscheinlicher, desto selbstverständlicher: ein Aushang, ein Anruf, ein Treffen – eine Hochzeit. Es war sogar noch verrückter, wie sie nun erzählte: Den Aushang in der Bar in München hatte Meilin nicht geschrieben. Sie hatte ihn noch nicht einmal gesehen. Der Barkeeper hatte ihr versprochen, auf seinem Computer eine Suchanzeige für sie zu entwerfen und aufzuhängen. Er hatte sein Versprechen gehalten, obwohl er wusste, dass er sie nie wiedersehen würde. Nur deshalb haben wir uns kennengelernt.

Warum hatte Meilin mir nicht gesagt, was sie schon durchlebt hatte? Vielleicht wollte sie mich nicht unter Druck setzen. Vielleicht wollte sie mich nicht abschrecken, indem sie mir beschrieb, wie abgeschreckt andere waren. Vielleicht konnte sie aber auch erst jetzt, nachdem sie ihr Hochzeitskleid getragen und wieder abgestreift hatte, darüber sprechen.

Stumm gingen wir weiter, vorbei an Tempeln und

Inschriften. Der Stock hatte eine Weile geholfen, dann waren meine Beine wieder erschöpft. Am mittleren Himmelstor hatte ich in den Reiseführer geschaut und gelesen: Hier beschließen die meisten Besucher, auf die Seilbahn umzusteigen. »Nicht aufgeben!«, stand dort. Ich stieg noch langsamer die Stufen hoch, ließ mich weiter zurückfallen. Tom und Meilin gingen als kleine Punkte voraus und sahen sich regelmäßig nach mir um.

Ich dachte nach. Ich dachte an meine eigene Mutter, die seit elf Jahren tot war. Was würde sie dazu sagen, dass ich geheiratet hatte? Hätte ich ihr die Wahrheit gesagt? Dass die Hochzeit nur Theater war? Oder hätte ich es wie Meilin gemacht, die Hochzeit auch für mich genutzt, meiner Mutter mit einer Lüge den Wunsch erfüllt, eine Schwiegertochter zu haben? *Mein Sohn hat auch geheiratet. In China.* Die Lösung wäre fast elegant gewesen.

Wir waren am Weg der achtzehn Windungen angekommen, dem steilsten Stück der Treppe. Nun ging es senkrecht in den Himmel, vierhundert Meter. Es war der Endspurt zum Gipfel. Ich nahm Stufe für Stufe, schaute nicht nach oben und nicht nach unten, nicht nach links und nicht nach rechts.

Ich dachte an Freunde in Deutschland. »Wenn meine Eltern mit meinem Leben ein Problem haben, ist das ihr Problem. Ich muss mich nicht verbiegen, um meine Eltern glücklich zu machen. Mein Leben ist mein Leben.«

Das stimmt. Aber wenn wir fordern, dass unsere Eltern alles gut finden, was wir sind und tun, dass sie niemals zeigen, dass sie etwas anderes erwartet haben, etwas anderes gehofft haben, dass sie eine Enttäuschung, die sie fühlen, verbergen - verlangen wir von unseren Eltern nicht das Gleiche? Verlangen wir von ihnen nicht auch, dass sie sich verbiegen? Dass sie ihre Hoffnungen, Träume, Wünsche, ihre Persönlichkeit verleugnen? Dass sie jemand anderes werden, als sie sind?

Nein, ich hätte meine Mutter nicht belogen. Ich hätte keine Frau geheiratet, um meine Mutter glücklich zu machen. Diese Reise hatte mir vor Augen geführt, dass das richtig war.

Aber diese Reise hatte mich noch etwas gelehrt. Sie hatte mich gelehrt, auch meiner Mutter, meinem Vater, das Recht zuzugestehen, sich nicht zu verbiegen. Zu sagen, dass sie andere Erwartungen hatten, hier und da, sich etwas anderes vorgestellt haben. Ganz unabhängig davon, ob es um eine Eigenschaft geht, die ich ändern kann oder nicht. Denn dass Eltern andere Träume haben als wir selbst, muss kein Vorwurf sein. Es gibt dabei keine Schuld, bei niemandem.

Die Treppe war zu Ende. Ohne es zu merken, musste ich über die Brücke zur Unsterblichkeit gegangen sein, von der ich im Reiseführer gelesen hatte. Die Legende sagt, dass jeder unsterblich wird, der auf eigenen Füßen durch den Torbogen schreitet. Selbst Kaiser, die sich in der Sänfte den Berg hinauftragen ließen, sollen hier ausgestiegen sein. Und ich hatte gar nichts davon mitbekommen.

Meilin und Tom hatten auf mich gewartet. Sie standen vor dem Eingang zu einer Art Tunnel, einer dunklen, engen Röhre. Ich folgte ihnen. Ich folgte dem Klang ihrer Schritte und roch den feuchten Stein.

Am Ende des Ganges traten wir hinaus auf ein Plateau. Wir blinzelten in die Sonne. Ich fühlte meinen Körper wieder.

»Das Licht der Welt«, sagte Meilin. »So man sagt auf Deutsch, oder?«

Ein guter Tag zum Heiraten

In Meilins Stadt gab es letzte Dinge zu erledigen. Der Bus auf dem Weg dorthin war sehr voll; ich saß neben Tom, Meilin hatte einige Reihen vor uns einen Platz gefunden. Unterwegs stieg eine Frau zu, die aussah wie Meilin: schlank, kurze Haare, burschikos. Turnschuhe, eine Sporthose und eine Trainingsjacke. Sie schien auch in Meilins Alter zu sein. Die Frau setzte sich auf den einzigen freien Platz: neben Meilin.

»Ich würde es ihr so wünschen«, sagte Tom.

»Ja«, sagte ich. »Vielleicht löst sich gleich noch ein anderes Problem.«

Wir beobachteten die beiden Köpfe, doch keiner drehte sich zur Seite. Meilin, die so aufgeschlossen war und so gesprächig, schien verstummt.

»Vielleicht steckt eine der anderen ihre Telefonnummer zu«, sagte ich.

So fuhren wir, bis Meilin uns zum Aussteigen winkte. Sie schaute nicht zurück in den Bus.

»Nach einer Hochzeit machen Gegenbesuch bei Verwandten«, hatte Meilin gesagt. »Das höflich. Außerdem einige konnten nicht bei Hochzeit sein.«

Meilin erklärte, dass wir gleich zu dem fahren würden, was sie »Elterhaus« oder »Älterhaus« nannte. Es gab in China Altenheime, auch wenn sie selten waren. Im Land der Kindesliebe kann ein Altenheim nur Scham und Schande schaffen – für die Kinder, die ihre Eltern dorthin schicken, und für die Eltern, die dort wohnen.

»Deshalb meine eine Oma wohnt zwei Monate im Jahr hier«, sagte Meilin, während wir frittierte Lotusblüten aßen. Vater und Mutter hatten gekocht, wir saßen um den kleinen Esstisch in ihrem Wohnzimmer.

»Wo hier?«, hatten Tom und ich gleichzeitig gefragt.

»Hier.« In der kleinen Wohnung mit dem kleinen Wohnzimmer und zwei kleinen Schlafzimmern, mit Meilin, ihrer Mutter und ihrem Vater.

»Und den Rest des Jahres?«, fragte Tom.

»Bei Onkels und Tanten.«

Meilins Oma war dreiundneunzig Jahre alt. Sie konnte sich kaum bewegen, war fast blind, doch alle zwei Monate ließ sie sich von einem ihrer Kinder zum nächsten fahren und dort die Treppe hinauf tragen. Die Kinder teilten sich die Kindesliebe. Sie nahmen ihre Mutter abwechselnd in ihren winzigen Wohnungen auf, überließen ihr das Bett und schliefen auf dem Sofa.

»Das wegen Schämen«, sagte Meilin. Die Oma wollte nicht in ein Altenheim ziehen, damit sich die Familie nicht schämen musste. »Obwohl alle wissen, dass besser wäre.«

Wir waren deshalb erstaunt, als Meilin sagte: »Jetzt fahren wir zu meiner anderen Oma. Sie lebt in Älterhaus.« Diese Oma, die sich dazu entschlossen hatte, ins Altersheim zu ziehen, sei »mehr gebildet«, hatte Meilin gesagt.

Das Altersheim war modern, eine große Wohnanlage, ein Neubau, eine Mischung aus Krankenhaus und Hotel. Breite, sonnige Flure, hohe, isolierte Fenster, geräumige Zimmer, von denen sich die Oma eines mit einer Großtante von Meilin teilte. Als wir kamen, hangelte sie sich an Möbeln entlang und griff eine Stange an der Wand, die sie ins Bad führte. Dort setzte sie Tee auf.

Die Großtante holte ein Stück Stoff aus einer Kiste. »How are you? Sit down please!« war mit blauem Garn auf weißes Leinen gestickt, darum herum Blumen.

»Sie hat etwas Englisch gelernt in einem Kurs, vor paar Jahren. Da war sie schon über achtzig Jahre alt«, sagte Meilin.

»What's your name?«, fragte die alte Dame, und ein Lächeln zog Furchen in ihr Gesicht. Wir begrüßten sie auf Englisch.

»Und meine Oma singt in Chor«, sagte Meilin. Sie zeigte auf ein Foto auf dem Regal. Die Oma, die sich kaum bewegen konnte, stand in einem Kammerchor, Noten in der Hand, Mund und Augen aufgerissen. Es schien ihr gut zu gehen, zumindest auf dem Foto.

Neben dem Foto ein Kalender, ein Tageskalender, auf dem man jeden Tag ein Blatt umschlug. Wir konnten nur die Zahl lesen, eine »11«.

»Elfter November, Tag des Singles«, sagte Meilin.

»Tag des Singles?«, fragte Tom. »Singles werden gefeiert in China?«

»11. 11., viermal eins, viermal einer allein. Haha. Singles feiern, aber treffen sich auch, um kennenzulernen. Es gibt Karaoke, Date-Partys und Blind-Date-Partys. Und in Zeitungen an diesem Tag viele Tipps um zu verlieben.«

»Na, dann haben *wir* ja heute ausnahmsweise mal nichts zu feiern«, sagte ich. »Was steht noch in dem Kalender?«

»Es steht, was gut ist zu tun an jedem Tag nach chinesischem Horoskop. Und was nicht.«

»Was dürfen wir denn nicht tun heute?«, fragte Tom.

Meilin las, drückte ihre Brille nach oben und nickte, als stimmte sie der Aussage des Kalenders zu. »Heute man soll auf keinen Fall Blumen pflanzen. Oder einen Brunnen graben.«

»Zum Glück haben wir das noch nicht gemacht«, sagte ich.

»Aber guter Tag für Feuer löschen oder eine Reise machen. Oder Beerdigung. Und für heiraten.«

»Arme Singles«, sagte Tom. »Sollen an ihrem Singletag heiraten oder jemanden beerdigen. Oder es brennt.«

Die Oma kam aus dem Badezimmer, Meilins Mutter trug den Tee, den sie gemacht hatte. Wir blätterten im Kalender.

»Und morgen?«, fragte ich.

Meilin las, nickte wieder. »Morgen besser keinen Schornstein bauen, aber gut für Haarschnitt. Und für heiraten.« Sie schlug eine Seite um. »Und hier ... Aha ... Man soll nicht Arztbehandlung. Aber heiraten.«

»Gibt es in China denn überhaupt einen Tag, der *nicht* gut ist zum Heiraten?«, fragte Tom.

»Ich muss guck machen.« Meilin blätterte durch den Kalender. »Hier gut für Zaun bauen und Ehe, hier für Vertrag schließen ... und Ehe. Ah ... aber hier zum Beispiel ein Tag nicht gut für Ehe ... Naja ... Gibt nur wenige Tage, die nicht gut für Heiraten, hahaha.«

»Apropos Single«, sagte Tom. »Die Frau heute morgen im Bus ... was war denn mit der?«

»Welche Frau?« Meilin klang erstaunt.

»Neben dir«, sagte Tom. »Wir dachten ...«

»Ach so, haha. Ihr dachtet ... Nein, haha. Gar nicht so

mein Typ. Nicht für Freundin.« Meilin blätterte im Kalender. Dann drehte sie sich entschlossen um. »Ich will hübsch Frau.«

»Aha«, sagte ich, »du willst eine feminine Freundin?«

Meilin nickte. »Mit lange Haare. Vielleicht blond. Ihr müsst mir helfen. Vielleicht hübsch Frau in Deutschland finden, haha.«

Ich sah umher, über den kleinen Tisch mit dem Tee, über einen unbenutzten Gehwagen, einen Fernseher, zum Bett. Erst jetzt sah ich, dass sich alle anderen auf das Bett gesetzt hatten und uns beobachteten, alle in Jacken, es war auch hier kalt. Die Oma, die Großtante, die Mutter, der Vater. Alle schauten uns an, als könnten sie von unseren Lippen lesen, was wir sprachen. Nur ab und zu wandten sie sich einander zu und sagten etwas, kommentierten, was sie sahen. Sie lachten.

Die Oma zeigte auf den Tee, und Tom und ich gossen uns noch eine Tasse ein. Dann gab die Oma eine Anweisung.

»Jetzt Foto«, sagte Meilin.

Wir stellten uns nebeneinander vor das Bett, Oma, Mutter, Tochter, drei Generationen. Und der neue Ehemann, mit dessen Hilfe die nächste Generation entstehen sollte.

Baby und Horror

»Eine Sache fehlt noch, um komplett zu machen«, sagte Meilin. »Um eure Reise nach China komplett zu machen.« Es war Abend geworden. Wir saßen wieder zu Hause in Meilins Wohnung, um den Esstisch.

Meilin hatte die Satinweste von der Hochzeit übergestreift, die teure, schimmernde Weste mit den glänzenden Stickereien, golden und rot. Aber sie trug sie nun anders, nicht mehr festlich und mit Ehrfurcht. Sie trug sie wie einen Trainingsanzug über ihrer Sporthose, gegen die Kälte. Auch die Mutter hatte ihren wertvollen Pullover angezogen, den sie für die Hochzeitsfotos gekauft hatte; sie trug ihn wie eine Küchenschürze, nicht einmal eine Serviette hatte sie darüber gebunden, um ihn vor dem Schmutz des Essens zu schützen. Zum ersten Mal, seit wir angekommen waren, lief im Hintergrund der Fernseher, jemand sang vor einer Jury, offenbar eine Castingshow. Der Alltag war in den Haushalt zurückgekehrt.

»Ihr müsst lernen, Jiaozi zu machen.«

Aus der Küche brachte der Vater Teiglappen und eine Schüssel, »das Jiaozi-Füllung, Gemüse und Fleisch«.

Meilin nahm meine linke Hand und öffnete sie. Niemals zuvor hatte sie außerhalb einer Begrüßung meine Hand berührt. Jetzt nahm sie sie fast zärtlich, zog meine Finger nach vorne, strich meine Handfläche glatt. Sie legte einen dünnen Teiglappen hinein, er bedeckte die Linien meiner Hand. In die andere Hand gab Meilin mir Stäbchen.

»Jetzt Einfüllung.«

Ich nahm von der Masse, sie roch gut, alles fühlte sich gut an, passend und richtig, als ich die Masse auf den Teig legte, der von meiner Hand warm geworden war und mit ihr verschmolz. Der Vater zog seinen Stuhl zu meinem und zeigte mir an einer Papierserviette, wie ich den Teig falten sollte: die untere Ecke nach oben, erst die linke Ecke nach innen, dann die rechte. Wie ein Briefumschlag, den man am Ende verschließt, indem man die Spitze nach unten klappt. Die Mutter stellte sich hinter mich, ich spürte ihren Atem, ihr Bauch berührte meinen Oberarm. Sie war mittendrin, beobachtete nicht mehr das Geschehen aus der Ferne, vom Sofa, wie vorher so oft.

Ich fasste den weichen Teig an, erst eine Ecke, die zweite, die dritte legte ich um und faltete sie nach innen. Zog man zu fest, zerriss der Teig.

Meilin hatte sich auf die andere Seite gestellt, ihre Augen folgten meinen Fingern. »Alles muss bedeckt sein, man darf Füllung nicht mehr sehen«, sagte sie. »Aber Moment ...« Mit ihren kleinen Händen richtete sie die Teigspitzen auf, gab dem Gebilde Volumen und seine typische Form. »Muss auch schön aussehen.«

Die Mutter lachte, schaute mich an und hob den Daumen.

»Jetzt Tom«, sagte Meilin.

Zu fünft bereiteten wir das Abendessen, jeder machte Jiaozi, in seiner eigenen Geschwindigkeit und seiner eigenen Form. Wir falteten und bedeckten, als klappten wir zu, was wir erlebt hatten, als steckten wir alles in einen Umschlag, dessen Inhalt nur wir kannten. Um ihn dann aufzuessen. Doch dieser Schluss war noch nicht der Schluss, das fühlte ich. Etwas fehlte, um die Reise komplett zu machen, und es waren nicht nur die Jiaozi.

Drei Arten gibt es, seine Pflicht gegenüber den Eltern zu vernachlässigen, hatte Karl in Peking gesagt: »Wer seinen Eltern keine Enkel schenkt, verstrickt sich in große Schuld.«

»Warten deine Eltern nun auf ein Kind?«, fragte ich in das Falten.

»Ja, natürlich«, sagte Meilin sofort.

Die Mutter rückte die fertigen Jiaozi auf dem Teller in

der Mitte des Tisches zusammen, der Platz war knapp geworden.

»Ihr könnt mehr Füllung nehmen«, sagte Meilin. »Noch viel übrig.«

Ich legte meine Stäbchen aus der Hand. »Und ... Was heißt das? Geht unsere Geschichte weiter?«

»Mach dir keine Sorgen.«

»Es geht nicht um Sorgen.«

»Meine Mutti hat schon gefragt nach Kind, natürlich. Ich habe gesagt, keine Zeit.«

»Wie lange können wir keine Zeit haben?«

Schon zu Hause, vor der Abreise, hatte ich über die Frage nachgedacht. Ein Kind. Würde diese Geschichte, die mit einem Aushang in einer Bar begonnen hatte, zu einem Kind führen? Wenn ich mir mein Leben vorgestellt hatte, meine Zukunft, war darin nie ein Kind aufgetaucht. Auch früher nicht, als ich selbst noch ein Kind war. Anders als andere Kinder hatte ich nie Vater, Mutter, Kind gespielt. Aber nachdem der Gedanke entstanden war, hatte ich mich nicht gegen ihn gesträubt.

»Ich habe meiner Mutter gesagt: Valentin will nicht Kind.«

»Aber das stimmt doch gar ... Ich bin jetzt schuld? Ich bin schuld daran, dass deine Eltern kein Enkelkind bekommen?« Ich sah zur Mutter. »Was, wenn sie wieder krank wird?«

»Ich habe gesagt: Valentin will nicht. Und wenn ich zu dringend frage, dann Valentin Scheidung. Ich habe zu meiner Mutter gefragt: Willst du, dass Valentin Scheidung?«

Meilin kontrollierte die Jiaozi. Einige waren perfekt geworden; es waren die, die Meilin und ihre Mutter gemacht hatten. Man merkte, welche aus Toms und meinen Händen stammten. »Zum Essen ihr bekommt die Schönen«, sagte Meilin.

»Du könntest schwanger werden«, sagte ich.

»Das sehr schön, das super«, sagte Meilin zu Tom und zeigte auf die Teigtasche in seiner Hand. Mich schaute sie an und schüttelte sich. »Horror.«

»Horror?«

Noch einmal schüttelte sie sich, sah an sich hinab. »Ich kann mir nicht vorstellen.«

»Was kannst du dir nicht vorstellen? Du weißt, dass man keinen Sex haben muss, um ein Kind zu zeugen?«

»Sex auch Problem. Aber groß Problem schwanger zu sein.«

Ich sah Meilin an, ihren dünnen, drahtigen Körper, in der Hochzeitsweste, über der Sporthose. Der kleine Junge, den ich bei unserem ersten Treffen kennengelernt hatte. Der wollte sie bleiben. Der Gedanke, dass dieser bubenhafte, schmale, sportliche Körper sich über einem Kind wölbte, machte ihr Angst.

Tom hatte stumm zugehört. Ein Kind, das würde auch sein Leben betreffen. Aber darüber hatten wir nie ernsthaft gesprochen. »Wie wäre das Kind denn in China ... Ich meine, ihr seid ja nicht richtig verheiratet?«, sagte er.

»In Krankenhaus für schwanger ... Wie sagt man ...«

»Künstliche Befruchtung«, sagte Tom.

»Ja, künstlich Befruchtung, das in China nur für Eheleute.«

Meilin hatte aufgehört zu falten. Sie hatte ihre Stäbchen auf den Tisch gelegt und dachte nach. Es wirkte, als wäre sie bisher davon ausgegangen, dass ein Kind für mich nicht in Frage käme. So groß schien ihr wohl die bisherige Hilfe durch Tom und mich, dass sie nicht gewagt hatte, um mehr zu bitten.

»Wollt ihr vielleicht helfen?«, fragte sie nun.

Zwei Teiglappen waren übrig. Tom und ich nahmen jeweils einen auf die Hand.

»Gleich können wir essen«, sagte ich.

»Ein uneheliches Kind bekommt nicht Papiere in China, ist Schande. Allein kann ich Kind nicht erziehen.«

Das war das Problem. Für die Eltern, für die Familie, die Verwandten, die Nachbarn – für alle waren wir verheiratet, nur nicht für den chinesischen Staat. Das hoffte ich zumindest. Wir hatten keine Ehepapiere, solange wir die Ehe nicht bei der Behörde registrieren ließen, wie es im chinesischen Ehegesetz stand. Das aber wollte *ich* nicht. Bekäme Meilin ein Kind, wäre dieses Kind in China ein uneheliches Kind. Es würde nicht existieren, es wäre eins der vielen Kinder, die im Geheimen leben, aufgezogen werden wie ein Huhn, die einen Namen haben, aber keinen offiziellen Status.

»Müsste man Kind in Deutschland kriegen«, sagte Meilin.

»Man?«, sagte ich.

Meilin nickte. Auf einmal sprach sie wieder klar und schnell. Sie hatte sich sehr wohl Gedanken über diese Frage gemacht, und wie immer hatte sie einen Plan.

»Vielleicht, wenn ich Freundin finde ...«

»Hübsch Frau?«, fragte Tom.

»Ja, hübsch Frau. Wenn ich hübsch Frau finde. Vielleicht sie kann Kind bekommen, in Deutschland. Wenn ihr helfen wollt.«

Ich folgte dem Vater in die Küche, er trug die Platte mit den Jiaozi, ich die leere Schüssel. Der Dampf aus dem Kochtopf beschlug die Scheiben zum grauen Hof.

Als ich wiederkam, sagte ich: »Also die hübsche Frau soll ein Kind von Tom oder mir bekommen – und wir tun dann so, als wäre dieses Kind von dir und mir?«

Meilin sagte nichts.

Die Mutter hatte sich wieder aufs Sofa gesetzt. Stumm und aufmerksam hatte sie zugehört, als verfolge sie ein für sie sehr wichtiges Gespräch.

Ma Ma und Ba Ba

Kaum neun Stunden später standen im Wohnzimmer unsere Koffer, wir stiegen über sie, hektisch und suchend, wir sahen uns kaum an und sprachen wenig. Das Gefühl von Familie, Heim und Gemütlichkeit, das Gefühl des vergangenen Abends, war zerstört. Tom und ich hatten im Hotel ausgecheckt und waren herübergekommen, um uns endgültig von Meilin und ihrer Familie zu verabschieden. Es war Zeit für uns, aufzubrechen. Und Zeit, zu unterscheiden zwischen den Dingen, die wir mitnahmen, und denen, die wir hierließen. Den roten Gürtel hatten wir eingepackt, den Speicherstick mit den Fotos.

»Eure Schuhe …«, sagte Meilin. Die Mutter hob die Badelatschen auf. »Für chinesische Füße zu groß.« Die Schlafanzüge, die sie für uns gekauft hatte. »Und mein Papa bringt mehr Tee.«

Ich schüttelte den Kopf. »Meilin, wir können nichts mehr mitnehmen. Es passt nichts mehr rein.« Um noch einmal über die Geschenke zu streiten, über das Geld, das die Familie für uns ausgegeben hatte, dafür fehlte jetzt die Zeit.

Mit einem Schnappgeräusch schloss Tom unsere Koffer. Die Mutter schaute enttäuscht.

Ein letztes Mal setzten wir uns an den Tisch. Dort stand Reissuppe, der Vater kam mit frittierten Broten, »frisch von Markt, hat gerade gekauft«. Ein Frühstück wie am Tag unserer Hochzeitsfotos. Tom sah auf die Uhr.

Je schneller wir aßen, desto ruhiger wurde ich. Langsam blickte ich noch einmal durch den kleinen Raum, durch die Türen in die kleinen Schlafzimmer, erst in Meilins, dann in das der Eltern. Ich versuchte mir die Stille vorzustellen, die hier in wenigen Minuten herrschen würde, wenn der Ehemann und sein Bruder nicht mehr da waren. Wenn alles vorbei war. Ich versuchte mir die Nähe vorzustellen, die Unausweichlichkeit, mit der Meilin hier mit ihren Eltern sitzen würde. Ich fragte mich, ob Meilin überhaupt mit anderen Menschen zu tun hatte als mit ihren Eltern. In den vergangenen Tagen hatten wir niemanden getroffen, den sie als Freund oder Freundin bezeichnet hatte, hier, an dem Ort, an dem sie aufgewachsen war und zur Schule gegangen, an dem sie arbeitete und wohnte. Nur einmal hatte sie von einer Studentin erzählt, der sie Deutschunterricht gab. »Ich habe ihr gesagt, ich heirate deutschen Mann. Er kommt mit seinem Bruder. Sie hat gefragt: Kann ich kennenlernen? Ich habe gesagt: nein.« Meilin hatte mehr Deutsch gesprochen als Chinesisch, mehr mit uns als mit den Menschen, mit denen wir sie zurückließen, so war es mir jedenfalls vorgekommen.

»Was macht ihr eigentlich, wenn du nicht heiratest?«, fragte ich. »Wenn ihr keine Gäste habt?«

Meilin schien die Frage zu wundern. »Nicht viel, was denkst du?« Sie brach eines der frittierten Brote, reichte ihrer Mutter die andere Hälfte. »An einigen Tagen ich arbeite. Ich gebe Deutschunterricht. Ich besuche Schüler zu Hause. Oder sie kommen hierher. Und ich halte Kurse in Sportstudio.«

»Ich meine zum Beispiel am Wochenende. Was machst du da? Gehst du auch mal raus und triffst Leute?«

»Ja, natürlich. Am Wochenende wir besuchen Verwandte. Wie wir jetzt gemacht haben. Meine Oma in Elterhaus und andere Verwandte. Außerdem ich gehe ins Fitnessstudio.«

»Und sonst?«

»Ich bin hier, mit meinen Eltern. Wir essen. Wir sehen fern. Wir sitzen dort auf Sofa.«

»Worüber redet ihr?«

»Über dich, meiste Zeit. Mutti fragt jeden Tag: Was macht Valentin? Wie geht es Valentin?«

Tom stieß mich an. »Wir müssen los.«

»Aber jetzt, wo du verheiratet bist ... Jetzt könntest du ausziehen, oder?«

»Könnte«, sagte Meilin. »Aber weiß nicht.«

»Warum nicht? Das mit der Hochzeit haben wir doch gemacht, damit du unabhängig wirst.« In Deutschland hatte Meilin in einer Wohngemeinschaft gewohnt. Mit fünfunddreißig Jahren hatte sie noch nie allein gelebt.

Nun war Meilin diejenige, die umherschaute, zögernd, auf ihren Vater, ihre Mutter, das gemeinsame Wohnzimmer. Auf das Sofa, auf dem sie so oft zu dritt saßen.

»Angst vor der Nacht«, sagte sie dann.

Wir hatten aufgegessen. Mit dem Rest meines frittierten Brotes wischte ich die Schüssel sauber.

»Ich glaube, wir sollten jetzt ...«, sagte Tom.

Keiner stand auf. Die Eltern blickten uns an, ruhig und geduldig, als warteten sie auf das letzte, entscheidende Wort.

»Bitte sag deinen Eltern noch mal vielen Dank für alles«, sagte ich. »Sie waren so großzügig und ...«

»Noch eine Bitte«, sagte Meilin.

»Hm?«

»Kannst du zwei Worte zu meinen Eltern sagen? Bitte?«

»Äh ... ja. Klar. Welche Worte?«

»Kannst du meine Eltern ›Mama‹ und ›Baba‹ nennen?«

Ich sah Tom an. Er zuckte mit den Schultern. Dann sah ich den Vater an und sagte »Baba«. Ich sah die Mutter an und sagte »Mama«. Ich sagte es emotionslos. Ich war darauf nicht vorbereitet, und vielleicht war dies der schwierigste Moment für mich auf der Reise.

Vater und Mutter strahlten, noch mehr als bei der Hochzeitsfeier, als sie vorne standen und »Ganbei« riefen, im Rausch, in die Menge. Sie strahlten nicht nur, sie leuchteten, wie ich sie noch nie hatte leuchten sehen, in all den Tagen nicht, und das ist das letzte Bild, das ich von ihnen habe.

»Danke«, sagte Meilin. »Jetzt komplett.«

Als wir auf der Schwelle standen, mit einem Fuß in der Wohnung, mit dem andern im Treppenhaus, nahm ich Meilin zur Seite. Obwohl Mama und Baba mich nicht verstehen konnten, sprach ich leise.

»Deinen Eltern scheint es ja jetzt gut zu gehen«, sagte ich.

Der Vater trug unsere Koffer zur Treppe.

»Aber wie geht es dir? Haben wir dir auch geholfen?«

Die Mutter schloss die Tür.

Meilin nickte. »Jetzt mehr frei.«

Zum Himmel

»Endlich zu sagen, ich soll euch bedanken, ihr habt mir sehr viel geholfen und die ganze Familie fröhlich gelassen.« Diese Worte las ich von Meilin, als wir wieder zu Hause waren. »Jetzt übrigens warm hier, Heizung ist an.«

Tom und ich hatten noch ein paar Tage in Shanghai verbracht, fast wären wir ausgeraubt worden von zwei Chinesinnen, die behaupteten, uns heiraten zu wollen. »You look very German«, hatten sie gesagt, »good husbands.« Um uns herum, am Flussufer, in der Stadt verstreut, Paare, die Hochzeitsfotos machten. Dann waren wir in den Transrapid zum Flughafen gestiegen, an einer Haltestelle wie ein Weltraumbahnhof aus einem Science-Fiction-Film. Träge war der Zug angefahren, doch bald hatte die Leuchtschrift über der Tür 430 Stundenkilometer angezeigt.

Als wir unsere Wohnungstür in Berlin öffneten, war unser Kater Puma nicht gekommen, um uns zu begrüßen. Sein Bruder Felix wartete allein am Eingang. Puma saß auf dem Sofa, seine Nase war weiß, blutleer wie seine Pfoten. Wir brachten ihn sofort in die Tierklinik. Die Krankheit, deren Virus er in sich trug, war ausgebrochen. Leukämie. Eine Nachbarin hatte ihn während unserer Reise gefüttert; sie hatte geglaubt, er vermisste uns nur. Wir träufelten ihm Medikamente ein, betteten ihn auf Kissen im Wohnzimmer.

In der Zeitung las ich eine Notiz über einen Todesfall in einem chinesischen Dorf, weit weg von Meilins Heimat. In einer ausgebrannten Wohnung hatte man die Leichen eines Ehepaars gefunden, er dreiundachtzig Jahre alt, sie vier Jahre älter. Aus der Asche hatte man einen Abschiedsbrief zusammengesetzt. Das Paar warf seinem Sohn vor, die Eltern vernachlässigt zu haben. Die Kindesliebe missachtet zu haben.

Ich prüfte alle paar Minuten, ob Puma atmete, hielt ihm sein Lieblingsfutter auf einer Fingerspitze vor die Lippen. Er fraß nichts.

Nur einmal ging ich aus dem Haus, traf Adrian auf einen Kaffee. Wir wohnten jetzt beide in Berlin. Er wollte wissen, wie es mir ergangen war, auf der Reise, mit der Hochzeit, wie die Geschichte weitergegangen war, die er vor mehr als zwei Jahren angestoßen hatte.

»Ich glaube, ich habe gelernt, was Familie bedeutet«, sagte ich.

Adrian hatte zu seinen Eltern seit Jahren keinen Kontakt. Er schaute nachdenklich. »Vielleicht habe ich den

Zettel nicht nur für dich gefunden. Sondern auch für mich.«

»Über das Kind«, hatte Meilin geschrieben, »du hast recht, kann man nicht versprechen, aber man kann versuchen zu lösen. Vielleicht wenn ich eine Partnerin gefunden habe, alles wird einfach, aber zuerst muss ich eine richtige Partnerin finden, hahaha.«

Puma ging es nicht besser, es ging ihm immer schlechter, und an einem Nachmittag vor dem ersten Advent sagte die Tierärztin: »Er kann nicht mehr mit Ihnen nach Hause. Er wird ersticken.« Er bekam zwei Spritzen, Tom und ich standen daneben, eine in die Seite und eine ins Herz; und das Herz hörte sofort auf zu schlagen.

Meilin hatte ein P. S. geschickt: »Mein Name ist Mailin, mit ›a‹. Ist selten, aber auch Name.« Zwei Jahre hatte ich ihren Namen falsch geschrieben. Ich dachte, es käme nur auf den Klang an, »ei« oder »ai«, nur eine Übertragung der Laute in eine andere Schrift. Doch auch dafür gab es Regeln. Mailin hatte nichts gesagt. Erst jetzt hatte sie geschrieben: »Nach der wichtigen Hochzeit, ich denke, du sollst deine Fraus Name richtig buchstabieren. Hahaha.« Geheiratet hatte sie mich trotzdem.

Nach Weihnachten kam eine E-Mail mit einem großen Anhang, »schuldigung, dass so spät«. Es waren die Fotos aus dem Hochzeitsstudio. »Bitte genießen das«, schrieb Mailin. »Ich habe im Fitnessstudio meine Weihnachten verbracht, wie eine normale Nacht. Aber bald chinesisches Neujahr, wir werden in unserer Wohnung feiern, weil die Oma bei uns wohnen wird. Ein Bruder von meinem Vater mit seiner Familie und der Sohn meines Vaters mit seiner Familie kommen. Wir essen Jiaozi mit Bedeutungseinfüllung wie Münzen und Erdnuss. Münzen bedeutet reich zu sein. Erdnüsse sind Symbol des langen Lebens, interessant?«

Und wieder ein P. S.: »Übrigens Meilin heißt schöner Jadestein. Mailin hat keine Bedeutung. Kann man Bedeutung selbst entscheiden. Wie bei Jiaozi.«

Wir sitzen zu Hause, im Wohnzimmer meiner Kindheit. Ich sitze auf demselben Platz wie damals, als ich meinen Eltern von José erzählte, meiner ersten Bekanntschaft aus einem Urlaub, als ich einundzwanzig war. Auf demselben Platz wie damals sitzt auch mein Vater. Daneben hatte meine Mutter geweint. Mein Bruder ist hier mit seiner Frau, auf dem Arm ihr Baby, das in diesem Jahr geboren worden ist, meine Nichte, mein Patenkind. Neben mir Tom.

Auf dem Fernseher schauen wir die Fotos an, von der Atemmaske in Peking über die Hochzeitsfotos mit Schleier und getupfter Nase. Über den Kuss, der kein Kuss war, und das Wort »LOVE«, das wir in die Kamera hielten. Unsere Hochzeitsrede.

»Dein Sohn hat geheiratet, und du warst gar nicht dabei«, sage ich zu meinem Vater. »Ist das nicht lustig?«

Die letzten Bilder sind die vom Transrapid, aus dessen Fenster die Landschaft, die Geschichte, langsam verschwimmt.

Neben dem Fernseher leuchtet der Weihnachtsbaum, ein typisch deutscher Weihnachtsbaum, mit dem Licht aus meiner Kindheit, mit der alten elektrischen Lichterkette, die immer noch funktioniert, nach all den Jahren und vielen Flickereien.

Vor wenigen Tagen war der Todestag meiner Mutter. Die Familie hat sich versammelt, wir sind zur Kirche gegangen. Ich habe zwei Kerzen angezündet.

Wie weit musst du gehen, um deine Eltern glücklich zu machen?

»Was sagst du zu dieser Reise?«, frage ich meinen Vater.

»Unglaublich«, sagt er.

Vor dem Schlafengehen schaue ich in meine E-Mails. Die Frau, mit der ich Hochzeit gefeiert habe, ohne ihren Namen richtig zu kennen, hat geschrieben. »Es tut mir leid, die arme Katze. Nicht zu traurig sein, sie ging zum Himmel. Dort ist auch nicht schlecht.«

Édouard Louis

Das Ende von Eddy

Roman

Aus dem Französischen von Hinrich Schmidt-Henkel

Band 03243

Ein Befreiungsschlag, ein Aufbruch in ein neues Leben – mit unglaublicher Sprachgewalt erzählt der junge französische Autor Édouard Louis die Geschichte einer Flucht aus einer unerträglichen Kindheit: seiner eigenen. ›Das Ende von Eddy‹ ist sein Debütroman, der international zu einem großen Erfolg und einer der meistdiskutierten Veröffentlichungen des Jahres wurde.

»Ein beeindruckender Roman.«
Annabelle Hirsch, Frankfurter Allgemeine Sonntagszeitung

»Ein starker Roman, weil die Hauptfigur von herzzerreißender Entschlossenheit ist.«
Franziska Wolffheim, Spiegel Online

»Édouard Louis ist ein seltener Glücksfall für sich, die Sprache, die Gesellschaft.«
Caroline Fetscher, Tagesspiegel

fi 03243 / 1